일一 사寫
천千 리里

상공회의소

# 한자
# 시험

## 8급 기본서
### (9급포함)

일─사寫
천千리里

상공회의소
# 한자
시|험
8급 기본서
(9급 포함)

1판 1쇄 발행 | 2020년 08월 15일

펴낸이 | 이석형
펴낸곳 | 새희망
편집디자인 | 디자인감7
내용문의 | stonebrother@daum.net
등록 | 등록번호 제 2016-000004
주소 | 경기도 의정부시 송현로 82번길 49
전화 | 02-923-6718
팩스 | 02-923-6719

ISBN | 979-11-88069-15-6  13710

가격 | 8,500원
ⓒ 새희망출판사

# 머리말

우리말의 70%가 한자어로 되어 있다는 말을 많이 들어봤을 것입니다.

그래서 한자에 대한 기본적인 지식이 없을 경우, 우리말의 적절한 사용에 어려움을 느끼게 됩니다. 특히 공식 용어나 전문 용어의 경우, 대부분이 한자어로 되어 있어, 한자에 대한 지식이 부족한 분은 관공서나 직장의 업무 수행에 많은 불편함을 느끼고 있습니다. 그런 이유로 요즘 여러 기업체에서는 신입 사원에 대한 한자 실력을 중요한 판단 기준으로 생각할 뿐만 아니라, 직원들에 대한 한자 사용 능력을 향상시키기 위한 많은 노력을 기울이고 있습니다.

상공회의소는 이러한 배경에서 만들어진 상공회의소 한자시험의 취지를 중국, 대만, 일본 등 한자 문화권 국가와의 수출 및 투자가 증가함에 따라 이에 필요한 기업 업무 및 일상 생활에 사용 가능한 한자의 이해 및 구사 능력을 평가하는 시험이라고 밝히고 있습니다.

이 책은 상공회의소 한자시험 8급에 대비하기 위하여 8급 배정한자 150자를 쓰면서 외울 수 있도록 구성하였으며, 각 한자에 대한 훈·음, 부수, 획수, 필순을 명기하고, 한자의 이해를 돕는 뜻풀이를 정리해 두었습니다. 그리고 해당 한자를 사용한 한자어를 채우며 완성할 수 있도록 하였으며, 24자마다 연습문제를 삽입하여 앞에서 배운 것을 복습할 수 있도록 하였습니다. 앞에는 기초 이론 학습과 뒤에는 실전 모의고사를 실어 이 책 한권으로도 8급 시험에 완벽하게 대비할 수 있도록 하였습니다.

독자 여러분이 이 책으로 좋은 결과를 얻으시길 기원합니다. 화이팅!

편저자 씀

# 검정기준

| 구분 | 검정기준 |
|---|---|
| 6급 | 고려대학교 한자한문연구소가 선정한 초등학교 교육용 기초한자 600자 중에서 초등학교 5~6학년용 기초한자 450자를 이해하고 국어 생활에서 활용할 수 있다. |
| 7급 | 고려대학교 한자한문연구소가 선정한 초등학교 교육용 기초한자 600자 중에서 초등학교 3~4학년용 기초한자 300자를 이해하고 국어 생활에서 활용할 수 있다. |
| 8급 | 고려대학교 한자한문연구소가 선정한 초등학교 교육용 기초한자 600자 중에서 초등학교 2학년용 기초한자 150자를 이해하고 국어 생활에서 활용할 수 있다. |
| 9급 | 고려대학교 한자한문연구소가 선정한 초등학교 교육용 기초한자 600자 중에서 초등학교 1학년용 기초한자 50자를 이해하고 국어 생활에서 활용할 수 있다. |

# 시험의 검정 기준

| 급수 | 시험시간 | 시험과목 | 문항수 | 과목별 총점 | 과목별 합격점수 | 전체총점 | 합격점수 |
|---|---|---|---|---|---|---|---|
| 1급<br>배정한자 1,607<br>누적한자 4,908 | 80분 | 한자<br>어휘<br>독해 | 50<br>50<br>50 | 200<br>300<br>400 | 120<br>180<br>240 | 900 | 810 |
| 2급<br>배정한자 1,501<br>누적한자 3,301 | 80분 | 한자<br>어휘<br>독해 | 50<br>40<br>40 | 200<br>240<br>320 | 120<br>144<br>192 | 760 | 608 |
| 3급 | 60분 | 한자<br>어휘<br>독해 | 40<br>40<br>40 | 160<br>240<br>320 | 96<br>144<br>192 | 720 | 576 |
| 4급 | 60분 | 한자<br>어휘<br>독해 | 40<br>35<br>35 | 160<br>210<br>280 | 없음 | 650 | 455 |
| 5급 | 60분 | 한자<br>어휘<br>독해 | 40<br>30<br>30 | 160<br>180<br>240 | 없음 | 580 | 406 |
| 6급 | 40분 | 한자<br>어휘<br>독해 | 45<br>30<br>15 | 180<br>180<br>120 | 없음 | 480 | 288 |
| 7급 | 40분 | 한자<br>어휘<br>독해 | 40<br>20<br>10 | 160<br>120<br>80 | 없음 | 360 | 216 |
| 8급 | 30분 | 한자<br>어휘<br>독해 | 30<br>15<br>5 | 120<br>90<br>40 | 없음 | 250 | 150 |
| 9급 | 30분 | 한자<br>어휘 | 20<br>10 | 80<br>60 | 없음 | 140 | 84 |

* 합격점수 : 1급(만점의 90%), 2~3급(80%), 4~5급(70%), 6~9급(60%)
* 과목별 1문항당 배점 : 한자(4점), 어휘(6점), 독해(8점)
* 전 급수 객관식 5지선다형임.

# 상공회의소 배정 한자

| 구분 | 9급(50자) | 8급(100자) | 7급(150자) | 6급(150자) | 5급(150자) |
|---|---|---|---|---|---|
| 가~길 | 車高工果交口<br>(6자) | 家角建見季古故曲科光九軍今金己<br>(15자) | 加間江去決京慶景競經界計告考公共過校求究國君基技氣記<br>(26자) | 價可感開客結敬固功空課官觀廣教郡近期吉<br>(19자) | 歌街各干强個改擧犬谷骨久句救弓權貴勤根禁其起<br>(22자) |
| 나~능 | 女<br>(1자) | 南男內年能<br>(5자) | 農<br>(1자) | 念<br>(1자) | 難勞<br>(2자) |
| 다~등 | 大<br>(1자) | 單同東<br>(3자) | 多答圖島度道都冬童等<br>(10자) | 達談對德到動洞登<br>(8자) | 丹短堂代刀獨讀斗豆頭得<br>(11자) |
| 락~립 | 力老立<br>(3자) | 樂來令利<br>(4자) | 例料里林<br>(4자) | 落旅禮路論流律理<br>(8자) | 卵冷良量歷連列留陸<br>(9자) |
| 마~밀 | 馬萬面母木目文門<br>(8자) | 名毛無民<br>(4자) | 每命明武聞物美<br>(7자) | 末亡問未<br>(4자) | 滿望賣勉務舞味米密<br>(9자) |
| 바~빙 | 夫父<br>(2자) | 方白百法兵本不北分<br>(9자) | 半反放番病保步服奉比非<br>(11자) | 發別報福婦富復備<br>(8자) | 訪防拜變飛氷<br>(6자) |
| 사~십 | 山夕石手水身心<br>(7자) | 事史四士三上商色生書西成世小少市示食臣失十<br>(21자) | 師死序先線城性所消素俗習始時詩信神室實<br>(19자) | 仕思産算想相賞席船選鮮設說雪姓星省誠歲洗孫受守收數首順是式植<br>(30자) | 使寺射殺尙仙善聲勢速送授勝施視識新氏<br>(18자) |
| 아~일 | 兒羊魚玉王牛雨月衣人日<br>(11자) | 言業五午外容用元原位有由六肉音邑二因一入<br>(20자) | 安案野約藥兩洋養熱要友雲育銀意醫耳<br>(17자) | 陽語永英完右運園油恩應義議移益引<br>(16자) | 愛夜弱若漁易逆然硏榮藝烏屋溫往浴勇宇雄遠願爲遺飮以仁<br>(26자) |
| 자~집 | 子自長田足主<br>(6자) | 者全弟中眞<br>(5자) | 字作材財爭典前展戰電定庭情政正帝朝祖鳥族種住注竹地指止紙直質集<br>(31자) | 場再在才的傳節絶接精題調宗左重志知至進<br>(19자) | 將章貯店第製兆助早造存卒罪宙晝走衆增支<br>(19자) |
| 차~칠 | 天川<br>(2자) | 次千初則七<br>(5자) | 靑草村秋出充齒<br>(7자) | 察參冊淸體寸祝忠蟲取治致親<br>(13자) | 着唱窓責處最追春<br>(8자) |
| 쾌 | | | | | 快<br>(1자) |
| 타~특 | 土<br>(1자) | 太<br>(1자) | | 宅統通特<br>(4자) | 打退<br>(2자) |
| 파~필 | | 八表風<br>(3자) | 便平品必<br>(4자) | 波片豐筆<br>(4자) | 判敗貝皮<br>(4자) |
| 하~희 | 行火<br>(2자) | 下合幸兄回<br>(5자) | 夏學海香血形化和花話畫活後<br>(13자) | 漢韓解向鄕現惠號黃會孝效訓休興希<br>(16자) | 河限害革協好湖虎婚貨患皇凶<br>(13자) |

# 목차

**머리말** p03

**시험에 대해서** p04

# 01

# 기초 이론 학습

한자를 익히기에 앞서 한자를 이루는 구성 요소와
한자가 예로부터 어떻게 생겨났는지,
한자를 쓰는 요령 등을 공부한다.

- 부수란 무엇인가?
- 한자의 짜임
- 한자어의 짜임
- 필순의 기본원칙

# 부수란 무엇인가?

부수란 자전에서 한자를 찾는 데 필요한 기본 글자이자, 한자를 구성하는 기본 글자로서 214자가 있다. 부수는 한자를 문자 구조에 따라 분류·배열할 때 그 공통 부분을 대표하는 근간이 되는 글자의 구실을 한다. 부수자들은 각각 의미 기능을 가지고 있다. 그러므로 부수자를 알면 모르는 한자의 뜻을 쉽게 추측할 수 있다. 부수가 한자를 구성하는 위치에 따라 분류해 보면 다음과 같다.

**변** 왼쪽 부분을 차지하는 부수

| 人 | 亻 인변 | 價 個 代 使 |
| 水 | 氵 삼수변 | 減 江 決 流 |
| 手 | 扌 재방변 | 技 指 打 |

**방** 오른쪽 부분을 차지하는 부수

| 刀 | 刂 칼도방 | 到 列 |

**머리** 윗부분에 놓여 있는 부수

| 竹 | 대죽머리 | 答 筆 |
| 艸 | ++ 초두머리 | 苦 落 |
| 宀 | 갓머리 | 家 官 |

**발** 아랫부분에 놓여 있는 부수

| 皿 | 그릇명발 | 益 |
| 火 | 灬 불화발 | 熱 然 |

**엄호** 위와 왼쪽을 싸는 부수

| 广 | 엄호 | 廣 |

**받침** 왼쪽과 아래를 싸는 부수

| 廴 | 민책받침 | 建 |
| 辶 | 책받침 | 過 達 |

**에운담** 둘레를 감싸는 부수

| 囗 | 큰입구몸 | 圖 四 固 |

**제부수** 한 글자가 그대로 부수인 것

| 角 | 車 | 見 | 高 | 工 | 口 | 金 | 己 | 女 |
| 大 | 力 | 老 | 里 | 立 | 馬 | 面 | 毛 | 木 |
| 目 | 文 | 門 | 米 | 方 | 白 | 父 | 非 | 飛 |
| 鼻 | 比 | 士 | 山 | 色 | 生 | 夕 | 石 | 小 |
| 水 | 首 | 手 | 示 | 食 | 臣 | 身 | 心 | 十 |
| 羊 | 魚 | 言 | 用 | 牛 | 雨 | 月 | 肉 | 音 |
| 邑 | 衣 | 二 | 耳 | 人 | 一 | 日 | 入 | 子 |
| 自 | 長 | 鳥 | 赤 | 田 | 足 | 走 | 竹 | 至 |
| 止 | 靑 | 寸 | 齒 | 土 | 八 | 風 | 行 | 香 |
| 血 | 火 | 黃 | 黑 | | | | | |

## 한자 부수별 정리(반복된 한자는 제부수 한자임)

부수에 대한 문제는 5급까지만 해당되므로 전체 214개의 부수 중 5급 한자에 사용되는 152자만 다루었다.

| 부수 | 이름 | 한자 |
|---|---|---|
| 一 | 한 일 | 一 不 上 七 下 世 三 |
| 丨 | 뚫을 곤 | 中 |
| 丶 | 점 주 | 主 |
| 乙 | 새 을 | 九 |
| 亅 | 갈고리 궐 | 事 |
| 二 | 두 이 | 二 五 |
| 亠 | 돼지해머리 | 京 交 亡 |
| 人 | 사람 인 | 人 價 個 代 使 仕 今 令 仙 備 他 以 休 來 信 位 偉 作 低 住 例 保 俗 修 便 傳 億 仁 |
| 儿 | 어진사람 인 | 元 兄 光 充 先 兒 |
| 入 | 들 입 | 入 內 全 兩 |
| 八 | 여덟 팔 | 八 公 六 共 兵 典 |
| 冂 | 멀 경 | 再 |
| 冫 | 이수변 | 冬 冷 |
| 凵 | 위터진입구 | 出 |
| 刀 | ⺉ 칼 도 | 分 初 到 列 利 別 則 前 |
| 力 | 힘 력 | 力 加 功 助 勉 動 勇 務 勞 勤 勝 勢 |
| 比 | 비수 비 | 北 化 |
| 十 | 열 십 | 十 南 協 午 卒 半 千 |
| 厂 | 민엄호 | 原 |
| 厶 | 마늘모 | 去 參 |
| 又 | **또 우** | 反 友 受 取 |
| 口 | 입 구 | 口 可 古 句 史 右 各 吉 同 名 合 向 告 君 命 和 品 問 商 唱 單 善 喜 |
| 囗 | 큰입구몸 | 圖 四 固 回 因 國 園 |
| 土 | 흙 토 | 土 基 堂 城 在 地 場 增 報 |
| 士 | 선비 사 | 士 |
| 夊 | 천천히걸을쇠 | 夏 |
| 夕 | 저녁 석 | 夕 多 外 夜 |
| 大 | 큰 대 | 大 奉 夫 天 太 失 |
| 女 | 계집 녀 | 女 婦 姓 始 如 好 婚 |
| 子 | 아들 자 | 子 季 孫 學 字 存 孝 |
| 宀 | 갓머리 | 家 官 客 守 安 宅 完 定 宗 室 容 宿 害 密 富 實 察 寒 |
| 寸 | 마디 촌 | 寸 寺 尊 對 |
| 小 | 작을 소 | 小 少 |

| 부수 | 뜻과 음 | 예자 | | 부수 | 뜻과 음 | 예자 |
|---|---|---|---|---|---|---|
| 尸 | 주검 시 | 展 屋 | | 方 | 모 방 | 方 族 |
| 山 | 메 산 | 山 島 | | 日 | 날 일 | 日 景 早 明 星 是 昨 時 春 晝 暗 |
| 巛 | 개미허리 | 川 | | 日 | 가로 왈 | 曲 書 最 會 |
| 工 | 장인 공 | 工 巨 左 | | 月 | 달 월 | 月 期 朝 服 望 有 |
| 己 | 몸 기 | 己 | | 木 | 나무 목 | 木 果 林 東 材 村 校 橋 根 極 案 業 植 榮 樂 樹 末 本 |
| 巾 | 수건 건 | 常 師 席 市 希 | | 欠 | 하품 흠 | 歌 次 |
| 干 | 방패 간 | 年 平 幸 | | 止 | 그칠 지 | 止 正 步 武 歲 歷 |
| 广 | 엄호 | 廣 序 度 庭 | | 歹 | 죽을사변 | 死 |
| 廴 | 민책받침 | 建 | | 殳 | 갖은등글월문 | 殺 |
| 弋 | 주살 익 | 式 | | 毋 | 말 무 | 母 每 |
| 弓 | 활 궁 | 强 弱 引 弟 | | 比 | 견줄 비 | 比 |
| 彡 | 터럭 삼 | 形 | | 毛 | 터럭 모 | 毛 |
| 彳 | 두인변 | 德 得 往 律 後 復 | | 氏 | 각시 씨 | 民 |
| 心 | ↑ 마음 심 | 心 急 念 怒 感 必 志 忠 思 恩 患 悲 惡 惠 想 愛 意 慶 應 快 性 情 | | 气 | 기운 기 | 氣 |
| 戈 | 창 과 | 成 戰 | | 水 | 氵 물 수 | 水 永 求 減 江 決 流 深 洞 治 溫 浴 油 注 漁 洋 法 氷 波 淸 漢 湖 海 活 洗 消 滿 河 |
| 戶 | 지게 호 | 所 | | 火 | 灬 불 화 | 火 熱 然 無 |
| 手 | 扌 손 수 | 手 擧 才 拜 技 指 授 接 打 | | 爪 | 손톱 조 | 爭 |
| 攴 | 攵 등글월문 | 敬 收 數 改 放 故 敎 政 效 救 敗 敵 | | 父 | 아비 부 | 父 |
| 文 | 글월 문 | 文 | | 牛 | 소 우 | 牛 物 特 |
| 斗 | 말 두 | 料 | | 犬 | 犭 개 견 | 獨 |
| 斤 | 도끼 근 | 新 | | | | |

| | | | |
|---|---|---|---|
| 玉 ▸ | 玉 구슬옥 | 玉 王 理 現 | |
| 生 ▸ | 날 생 | 生 産 | |
| 用 ▸ | 쓸 용 | 用 | |
| 田 ▸ | 밭 전 | 田 界 男 由 留 番 畵 | |
| 疒 ▸ | 병질 엄 | 病 | |
| 癶 ▸ | 필발머리 | 登 發 | |
| 白 ▸ | 흰 백 | 白 百 的 | |
| 皿 ▸ | 그릇 명 | 益 | |
| 目 ▸ | 눈 목 | 目 相 眼 省 着 直 眞 | |
| 矢 ▸ | 화살 시 | 短 知 | |
| 石 ▸ | 돌 석 | 石 研 | |
| 示 ▸ | 보일 시 | 示 禁 福 神 祖 祝 禮 | |
| 禾 ▸ | 벼 화 | 科 私 秋 移 稅 種 | |
| 穴 ▸ | 구멍 혈 | 空 窓 究 | |
| 立 ▸ | 설 립 | 立 競 童 章 | |
| 竹 ▸ | 대 죽 | 竹 答 笑 筆 第 節 等 算 | |
| 米 ▸ | 쌀 미 | 米 精 | |
| 糸 ▸ | 실 사 | 結 約 給 素 紙 絶 終 經 統 綠 線 | |
| 网 ▸ | 罒 그물망 | 罪 | |
| 羊 ▸ | 양 양 | 羊 美 義 | |
| 羽 ▸ | 깃 우 | 習 | |

| | | | |
|---|---|---|---|
| 老 ▸ | 耂 늙을로 | 老 考 者 | |
| 耳 ▸ | 귀 이 | 耳 聞 聖 聲 | |
| 肉 ▸ | 月 고기육 | 肉 能 育 | |
| 臣 ▸ | 신하 신 | 臣 | |
| 自 ▸ | 스스로 자 | 自 | |
| 至 ▸ | 이를 지 | 至 致 | |
| 臼 ▸ | 절구 구 | 興 | |
| 舟 ▸ | 배 주 | 船 | |
| 艮 ▸ | 그칠 간 | 良 | |
| 色 ▸ | 빛 색 | 色 | |
| 艸 ▸ | ++ 풀 초 | 苦 落 英 葉 藝 藥 花 草 萬 | |
| 虍 ▸ | 범 호 | 號 | |
| 血 ▸ | 피 혈 | 血 衆 | |
| 行 ▸ | 다닐 행 | 行 街 | |
| 衣 ▸ | 옷 의 | 衣 表 製 | |
| 襾 ▸ | 덮을 아 | 要 西 | |
| 見 ▸ | 볼 견 | 見 觀 視 親 | |
| 角 ▸ | 뿔 각 | 角 解 | |
| 言 ▸ | 말씀 언 | 言 計 記 訓 訪 設 說 詩 試 話 誠 語 調 認 議 識 課 論 請 讀 變 談 | |
| 豆 ▸ | 콩 두 | 豊 | |

| 貝 | ▸ | 조개 패 | 貴 賣 買 財 貯 貨 貧 責 賞 質 賢 |
|---|---|---|---|
| 赤 | ▸ | 붉을 적 | 赤 |
| 走 | ▸ | 달아날 주 | 走 起 |
| 足 | ▸ | 발 족 | 足 路 |
| 身 | ▸ | 몸 신 | 身 |
| 車 | ▸ | 수레 거·차 | 車 輕 軍 |
| 辰 | ▸ | 별 진 | 農 |
| 辵 | ▸ | 辶 책받침 | 過 達 送 運 遠 逆 造 通 退 選 速 進 道 近 |
| 邑 | ▸ | 阝 고을 읍 | 邑 郡 都 部 鄕 |
| 酉 | ▸ | 닭 유 | 醫 |
| 里 | ▸ | 마을 리 | 里 野 量 重 |
| 金 | ▸ | 쇠 금 | 金 銀 |
| 長 | ▸ | 긴 장 | 長 |
| 門 | ▸ | 문 문 | 門 間 開 |
| 阜 | ▸ | 阝 언덕 부 | 陸 陰 限 防 陽 |
| 隹 | ▸ | 새 추 | 難 雄 集 |
| 雨 | ▸ | 비 우 | 雨 雪 電 雲 |
| 青 | ▸ | 푸를 청 | 青 |
| 非 | ▸ | 아닐 비 | 非 |
| 面 | ▸ | 낮 면 | 面 |

| 韋 | ▸ | 다룸가죽 위 | 韓 |
|---|---|---|---|
| 音 | ▸ | 소리 음 | 音 |
| 頁 | ▸ | 머리 혈 | 頭 順 願 題 |
| 風 | ▸ | 바람 풍 | 風 |
| 飛 | ▸ | 날 비 | 飛 |
| 食 | ▸ | 飠밥 식 | 食 養 飮 |
| 首 | ▸ | 머리 수 | 首 |
| 香 | ▸ | 향기 향 | 香 |
| 馬 | ▸ | 말 마 | 馬 |
| 骨 | ▸ | 뼈 골 | 體 |
| 高 | ▸ | 높을 고 | 高 |
| 魚 | ▸ | 고기 어 | 魚 鮮 |
| 鳥 | ▸ | 새 조 | 鳥 |
| 黃 | ▸ | 누를 황 | 黃 |
| 黑 | ▸ | 검을 흑 | 黑 |
| 鼻 | ▸ | 코 비 | 鼻 |
| 齒 | ▸ | 이 치 | 齒 |

# 한자의 짜임

한자의 짜임이란 수만 자가 되는 한자를 그 성립된 구조 유형에 따라 여섯 가지로 분류한 육서를 말한다. 육서에는 상형·지사·회의·형성·전주·가차가 있다.

## 1. 상형

구체적인 사물의 모양을 본떠서 글자를 만드는 원리를 상형이라 한다.

**木** ▸ 나무의 모양을 본뜸

**石** ▸ 언덕 밑에 돌이 굴러 떨어진 모양을 본뜸

**鳥** ▸ 새의 모양을 본뜸

**山** ▸ 산의 모양을 본뜸

**人** ▸ 사람의 모습을 본뜸

**子** ▸ 아이의 모습을 본뜸

**川** ▸ 시내의 모습을 본뜸

## 2. 지사

사물의 추상적인 개념을 본떠 만드는 원리를 지사라 한다.

一 二 三 四 七 八 九 十 上 下

**末** ▸ **木(나무) + 一(끝부분 표시)**
나무를 나타내는 木과 끝부분을 표시하는 一이 합해서 이루어진 지사 문자로 끝을 뜻함

**本** ▸ **木(나무) + 一(뿌리 부분 표시)**
나무를 나타내는 木과 뿌리 부분을 표시하는 一이 합해서 이루어진 지사 문자로 근본이나 뿌리를 뜻함

## 3. 회의

이미 만들어진 두 개 이상의 글자에서 뜻을 모아 새로운 글자를 만드는 원리를 회의라 한다.

**林** ▸ **木 + 木**
木이 나란히 결합하여 나무가 많이 있는 숲의 뜻을 나타내는 회의 문자

**孝** ▸ **老 + 子**
老와 子가 결합하여 아들이 부모를 머리 위에 받들고 있는 모양의 회의 문자

## 4. 형성

이미 만들어진 글자를 결합하여 한쪽은 뜻을, 다른 한쪽은 음을 나타내는 글자를 만드는데, 이런 원리를 형성이라 한다.

형성자는 한자의 70%를 차지하여 대개의 한자는 두 개 이상의 문자가 뜻 부분과 음 부분으로 구성되어 있다. 형성자는 뜻 부분에서 그 글자의 뜻을 생각할 수 있고, 음 부분에서 그 글자의 음을 추리할 수 있어 알고 있는 한자를 바탕으로 새로운 한자의 뜻과 음을 쉽게 짐작할 수 있다.

| 景 ▶ | 日(뜻), 京(음) | 界 ▶ | 田(뜻), 介(음) | 功 ▶ | 力(뜻), 工(음) |
| 空 ▶ | 穴(뜻), 工(음) | 課 ▶ | 言(뜻), 果(음) | 洞 ▶ | 水(뜻), 同(음) |
| 頭 ▶ | 頁(뜻), 豆(음) | 想 ▶ | 心(뜻), 相(음) | 城 ▶ | 土(뜻), 成(음) |

## 5. 전주

이미 만들어진 한자만으로는 문화 문명의 발달로 무수히 늘어나는 사물과 개념을 다 표기할 수 없게 되었다. 그러자 기존의 문자 중에서 유사한 뜻을 가진 한자를 다른 뜻으로 전용하게 되었는데, 이를 전주라고 한다.

道 ▶ 본래 '발로 걸어다니는 길'의 뜻인데, 의미가 확대되어 '道德, 道理'에서의 '道'와 같이 '정신적인 길'이라는 뜻으로도 쓰임

惡 ▶ 본래 '악하다'는 뜻으로 음이 '악'이었으나, 악한 것은 모두 미워하기 때문에 의미가 확대되어 '憎惡, 惡寒'에서와 같이 '미워하다'라는 뜻으로 쓰이며, '오'라는 음으로 불림

## 6. 가차

이미 만들어진 한자를 원래 뜻에 관계없이 음만 빌어다 쓰는 것으로 아래와 같이 외래어 표기에 많이 사용되며, 의성어나 의태어 표기에도 쓰인다.

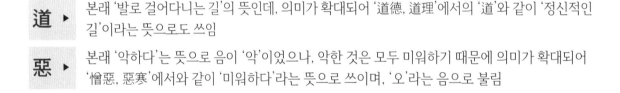

| France ▶ | 佛蘭西(불란서) | Asia ▶ | 亞細亞(아세아) |
| Buddha ▶ | 佛陀(불타) | England ▶ | 英國(영국) |
| Italy ▶ | 伊太利(이태리) | Paris ▶ | 巴利(파리) |

# 한자어의 짜임

두 자 이상의 한자가 결합하여 한 단위의 의미체를 형성할 때는 반드시 기능상의 관계를 가지게 된다. 한자어의 짜임은 그러한 기능상의 관계를 설명한 것이다. 한자어의 짜임은 문법적 기능에 따라 다음과 같이 분류할 수 있다.

## 1. 주술 관계

주체가 되는 말(주어)과 서술하는 말(서술어)이 결합된 한자어로 서술어는 행위·동작·상태 등을 나타내고, 주어는 그 주체가 된다. 주어를 먼저 해석하고, 서술어를 나중에 해석하여 '~가(이) ~함'으로 풀이한다.

| | |
|---|---|
| 月出 ▸ 월출 - 달이 뜸<br>出은 月의 동작을 서술 | 夜深 ▸ 야심 - 밤이 깊음<br>深은 夜의 상태를 서술 |
| 日出 ▸ 일출 - 해가 뜸<br>出은 日의 동작을 서술 | 年少 ▸ 연소 - 나이가 젊음<br>少는 年의 상태를 서술 |
| 人造 ▸ 인조 - 사람이 만듦<br>造는 人의 동작을 서술 | 骨折 ▸ 골절 - 뼈가 부러짐<br>折은 骨의 상태를 서술 |

## 2. 술목 관계

서술하는 말(서술어)과 서술의 목적·대상이 되는 말(목적어)이 결합된 한자어로, 서술어는 행위나 동작을 나타내고, 목적어는 대상이 된다. 목적어를 먼저 해석하고, 서술어를 나중에 해석하여 '~를(을) ~함'이라고 풀이한다.

| | |
|---|---|
| 卒業 ▸ 졸업 - 학업을 마침<br>業은 卒의 목적·대상이 됨 | 讀書 ▸ 독서 - 글을 읽음<br>書는 讀의 목적·대상이 됨 |
| 作文 ▸ 작문 - 글을 지음<br>文은 作의 목적·대상이 됨 | 交友 ▸ 교우 - 벗을 사귐<br>友는 交의 목적·대상이 됨 |
| 修身 ▸ 수신 - 몸을 닦음<br>身은 修의 목적·대상이 됨 | 敬老 ▸ 경로 - 늙은이를 공경함<br>老는 敬의 목적·대상이 됨 |

## 3. 술보 관계

서술하는 말(서술어)과 이를 도와 부족한 뜻을 완전하게 해주는 말(보어)이 결합된 한자어로, 서술어는 행위나 동작을 나타내고, 보어는 서술어를 도와 부족한 뜻을 완전하게 해 준다. 보어를 먼저 해석하고 서술어를 나중에 해석하여 '~이(가) ~함', '~에 ~함'으로 풀이한다.

**有名 ▶** 유명 – 이름이 있음
名은 有의 뜻을 완전하게 해 줌

**無敵 ▶** 무적 – 적이 없음
敵은 無의 뜻을 완전하게 해 줌

**無罪 ▶** 무죄 – 허물이 없음
罪는 無의 뜻을 완전하게 해 줌

**無法 ▶** 무법 – 법이 없음
法은 無의 뜻을 완전하게 해 줌

**有能 ▶** 유능 – 능력이 있음
能은 有의 뜻을 완전하게 해 줌

**有限 ▶** 유한 – 한계가 있음
限은 有의 뜻을 완전하게 해 줌

## 4. 수식 관계

꾸며주는 말(수식어)과 꾸밈을 받는 말(피수식어)이 결합된 한자어로, 앞에 있는 한자가 뒤에 있는 한자를 꾸미거나 한정하는 역할을 한다. 구성되는 한자의 성분에 따라 다음과 같이 나눌 수 있다.

### ① 관형어 + 체언

관형어가 체언을 수식하는 관계로 짜여진 한자어로, '~한 ~', '~하는 ~'로 해석한다.

**青山 ▶** 청산 – 푸른 산
青은 山을 꾸미는 말

**落葉 ▶** 낙엽 – 떨어지는 잎
落은 葉을 꾸미는 말

**白雲 ▶** 백운 – 흰 구름
白은 雲을 꾸미는 말

**幼兒 ▶** 유아 – 어린 아이
幼는 兒를 꾸미는 말

### ② 부사어 + 용언

부사어가 용언을 한정하는 관계로 짜여진 한자어로, '~하게 ~함'으로 해석한다.

**必勝 ▶** 필승 – 반드시 이김
必은 勝을 꾸미는 말

**急行 ▶** 급행 – 급히 감
急은 行을 꾸미는 말

**過食 ▶** 과식 – 지나치게 먹음
過는 食을 꾸미는 말

**徐行 ▶** 서행 – 천천히 감
徐는 行을 꾸미는 말

# 5. 병렬 관계

같은 성분의 한자끼리 나란히 병렬되어 짜여진 것으로 이것은 다시 '대립', '유사', '대등'으로 나눌 수 있다.

## ① 유사 관계

서로 비슷한 뜻을 가진 한자로 이루어진 한자어로, 두 글자의 종합된 뜻으로 풀이한다.

**事業 ▶** 사업 - 일
事와 業의 뜻이 서로 같음

**衣服 ▶** 의복 - 옷
衣와 服의 뜻이 서로 같음

**樹木 ▶** 수목 - 나무
樹와 木의 뜻이 서로 같음

**恩惠 ▶** 은혜 - 고마운 혜택
恩과 惠의 뜻이 서로 같음

**溫暖 ▶** 온난 - 따뜻함
溫과 暖의 뜻이 서로 같음

**海洋 ▶** 해양 - 큰 바다
海와 洋의 뜻이 서로 같음

## ② 대립 관계

서로 반대되는 의미를 가진 한자가 만나 이루어진 한자어로 '~와(과) ~', '~하고 ~함'으로 해석한다.

**上下 ▶** 상하 - 위아래
上과 下의 뜻이 서로 반대

**大小 ▶** 대소 - 크고 작음
大와 小의 뜻이 서로 반대

**黑白 ▶** 흑백 - 검은 빛과 흰 빛
黑과 白의 뜻이 서로 반대

**強弱 ▶** 강약 - 강함과 약함
強과 弱의 뜻이 서로 반대

**貧富 ▶** 빈부 - 가난함과 넉넉함
貧과 富의 뜻이 서로 반대

**內外 ▶** 내외 - 안과 밖
內와 外의 뜻이 서로 반대

## ③ 대등 관계

서로 대등한 의미를 가진 한자가 만나 이루어진 한자어로 '~와 ~'로 해석한다.

**花鳥 ▶** 화조 - 꽃과 새
花와 鳥의 뜻이 서로 대등

**松竹 ▶** 송죽 - 소나무와 대나무
松과 竹의 뜻이 서로 대등

**父母 ▶** 부모 - 아버지와 어머니
父와 母의 뜻이 서로 대등

**子女 ▶** 자녀 - 아들과 딸
子와 女의 뜻이 서로 대등

**兄弟 ▶** 형제 - 형과 동생
兄과 弟의 뜻이 서로 대등

**正直 ▶** 정직 - 바르고 곧음
正과 直의 뜻이 서로 대등

# 필순의 기본 원칙

필순의 기본 원칙이란 하나의 글자를 쓰고자 할 때 그 글자를 이루어가는 기본적인 순서를 말한다.

### 1. 왼쪽에서 오른쪽으로, 위에서 아래로 쓴다.

| 川 | 내 천 | | 총3획 | | | | | 三 | 석 삼 | | 총3획 | | | |
|---|---|---|---|---|---|---|---|---|---|---|---|---|---|---|
| | ノ | 川 | 川 | | | | | | 一 | 二 | 三 | | | |

### 2. 가로획과 세로획이 교차할 때에는 가로획을 먼저 쓴다.

| 十 | 열 십 | | 총2획 | | | | | 土 | 흙 토 | | 총3획 | | | |
|---|---|---|---|---|---|---|---|---|---|---|---|---|---|---|
| | 一 | 十 | | | | | | | 一 | 十 | 土 | | | |

### 3. 삐침과 파임이 만날 때에는 삐침을 먼저 쓴다.

| 人 | 사람 인 | | 총2획 | | | | | 父 | 아비 부 | | 총4획 | | | |
|---|---|---|---|---|---|---|---|---|---|---|---|---|---|---|
| | ノ | 人 | | | | | | | ノ | ハ | ク | 父 | | |

### 4. 왼쪽과 오른쪽의 모양이 같을 때에는 가운데를 먼저 쓴다.

| 山 | 메 산 | | 총3획 | | | | | 水 | 물 수 | | 총4획 | | | |
|---|---|---|---|---|---|---|---|---|---|---|---|---|---|---|
| | 丨 | 山 | 山 | | | | | | 丿 | 水 | 水 | 水 | | |

### 5. 안과 바깥쪽이 있을 때에는 바깥쪽을 먼저 쓴다.

| 日 | 날 일 | | 총4획 | | | | | 內 | 안 내 | | 총4획 | | | |
|---|---|---|---|---|---|---|---|---|---|---|---|---|---|---|
| | 丨 | 冂 | 日 | 日 | | | | | 丨 | 冂 | 内 | 內 | | |

### 6. 꿰뚫는 획은 나중에 쓴다.

| 中 | 가운데 중 | | 총4획 | | | | | 車 | 수레 거·차 | | 총7획 | | | |
|---|---|---|---|---|---|---|---|---|---|---|---|---|---|---|
| | 丨 | 口 | 口 | 中 | | | | | 一 | 冂 | 日 | 亘 | 宣 | 車 |

### 7. 오른쪽 위의 점은 나중에 찍는다.

| 代 | 대신 대 | | 총5획 | | | | | 武 | 군인 무 | | 총8획 | | | |
|---|---|---|---|---|---|---|---|---|---|---|---|---|---|---|
| | ノ | 亻 | 亻 | 代 | 代 | | | | 一 | 二 | 千 | 千 | 〒 | 正 | 武 | 武 |

### 8. 삐침이 짧고 가로획이 길면 삐침을 먼저 쓴다.    9. 삐침이 길고 가로획이 짧으면 가로획을 먼저 쓴다.

| 右 | 오른쪽 우 | | 총5획 | | | | | 左 | 왼 좌 | | 총5획 | | | |
|---|---|---|---|---|---|---|---|---|---|---|---|---|---|---|
| | ノ | ナ | ナ | 右 | 右 | | | | 一 | ナ | 左 | 左 | 左 | |

# 초급한자 150자

이 장은
초급한자
8급 100자, 9급 50자
총 150자로 구성되어 있다.
각 한자의 설명과
음훈, 부수, 획수, 필순을
확인해 가며 쓰고,
해당 단어를 완성해 보자.

9급 수레 거(차)

9급 높을 고

9급 실과 과

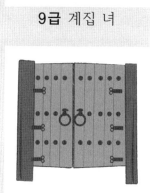

9급 계집 녀

9급 말 마

9급 어미 모

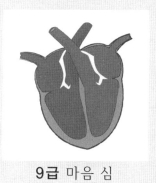

9급 나무 목

9급 문 문

9급 메 산

9급 저녁 석

9급 마음 심

9급 아이 아

9급 양 양

9급 물고기 어

9급 소 우

9급 비 우

9급 달 월

9급 옷 의

9급 날 일

9급 불 화

| 001 |  | 집 가 | * 家口 가구 : 집안 식구 (口 입 구) |
|---|---|---|---|
| 8급 가 | | 宀부 7획<br>총10획 | * 家長 가장 : 집안의 어른 (長 길 장)<br>* 家風 가풍 : 한 집안에 대대로 이어 오는 풍습<br>(風 바람 풍) |

집 안(宀)에서 돼지(豕)를 기른다는 데서 사람이 사는 집을 나타냄

家 家 家 家 家 宀 宇 家 家 家

家 家 家

| 가 | 구 | | 가 | 장 | | 가 | 풍 |
|---|---|---|---|---|---|---|---|
| 家 | 口 | | 家 | 長 | | 家 | 風 |
| | | | | | | | |

| 002 |  | 뿔 각 | * 四角 사각 : 네 개의 각. 네모 (四 넉 사) |
|---|---|---|---|
| 8급 각 | | 角부 0획<br>총7획 | * 角木 각목 : 네모지게 깎은 나무 (木 나무 목)<br>* 光角 광각 : 두 눈으로 한 점을 볼 때 두 눈과<br>그 점을 잇는 두 직선이 이루는 각<br>(光 빛 광) |

짐승 뿔의 모양을 형상화해서 만듦

丿 ⺈ ⺈ ⺈ 角 角 角 角

角 角 角

| 사 | 각 | | 각 | 목 | | 광 | 각 |
|---|---|---|---|---|---|---|---|
| 四 | 角 | | 角 | 木 | | 光 | 角 |
| | | | | | | | |

| 003 9급 거 |  | 수레 거(차) 車부 0획 총7획 | * 車馬 거마 : 수레와 말 (馬 말 마) <br> * 水車 수차 : 떨어지는 물의 힘으로 바퀴를 돌려 곡식을 찧는 기구 (水 물 수) <br> * 車主 차주 : 차의 주인 (主 주인 주) |

수레의 모양을 본떠 만듦

車 車 ㄷ 亐 自 亘 車

| 車 | 車 | 車 | | | | | |

| 거 | 마 | | 수 | 차 | | 차 | 주 |
|---|---|---|---|---|---|---|---|
| 車 | 馬 | | 水 | 車 | | 車 | 主 |

| 004 8급 건 |  | 세울 건 廴부 6획 총9획 | * 建軍 건군 : 군대를 처음으로 세움 (軍 군사 군) <br> * 建立 건립 : 건물, 탑, 동상 등을 만들어 세움 (立 설 립(입)) <br>    * 建立者 건립자 : 세운 사람 (者 놈 자) <br> * 土建 토건 : 토목과 건축 (土 흙 토) |

붓(聿)을 똑바로 세워서(廴) 글씨를 쓴다는 데서 건물이나 나라 등을 일으켜 세우다를 뜻함

建 建 建 聿 聿 聿 聿 建 建

| 建 | 建 | 建 | | | | | |

| 건 | 군 | | 건 | 립 | | 토 | 건 |
|---|---|---|---|---|---|---|---|
| 建 | 軍 | | 建 | 立 | | 土 | 建 |

005
8급
견

**볼 견**

見부 0획
총7획

* 見利 견리 : 이익을 봄 (利 이로울 리(이))
* 見本 견본 : 본보기로 보이는 물건 (本 근본 본)
* 外見 외견 : 겉으로 보이는 모양 (外 바깥 외)
  * 外見上 외견상 : 겉모양의 측면 (上 윗 상)

눈을 크게 뜨고(目) 무릎을 굽혀 책상다리
(几)하고 바라본다는 데서 보다를 뜻함

丨 冂 冂 月 目 貝 見

| 見 | 見 | 見 | | | | | |

| 견 | 리 | | 견 | 본 | | 외 | 견 |
|---|---|---|---|---|---|---|---|
| 見 | 利 | | 見 | 本 | | 外 | 見 |
| | | | | | | | |

006
8급
계

**계절 계**

子부 5획
총8획

* 季世 계세 : 정치, 도덕, 풍속 따위가 쇠퇴하여
  끝판이 다 된 세상 (世 인간 세)
* 四季 사계 : 사계절 (四 넉 사)
* 雨季 우계 : 일 년 중 비가 많이 오는 시기
  (雨 비 우)

벼(禾)의 씨(子)를 뿌리기에 알맞은 철이라
는 데서 계절을 뜻함

丿 二 千 千 禾 禾 季 季

| 季 | 季 | 季 | | | | | |

| 계 | 세 | | 사 | 계 | | 우 | 계 |
|---|---|---|---|---|---|---|---|
| 季 | 世 | | 四 | 季 | | 雨 | 季 |
| | | | | | | | |

| 007<br>**9급**<br>고 |  | **높을 고**<br><br>高부 0획<br>총10획 | * 高山 고산 : 높은 산 (山 메 산)<br>* 高手 고수 : 바둑이나 장기 따위에서 급수가<br>　　　　　　 높음 (手 손 수)<br>* 高天 고천 : 높은 하늘 (天 하늘 천) |
|---|---|---|---|

망루가 성문 위에 높이 솟아 있는 모양을
본떠 만듦

丶　亠　亠　广　产　户　高　高　高　高

| 高 | 高 | 高 | | | | | | |
|---|---|---|---|---|---|---|---|---|

| 고 | 산 | | 고 | 수 | | 고 | 천 |
|---|---|---|---|---|---|---|---|
| 高 | 山 | | 高 | 手 | | 高 | 天 |
| | | | | |  | | |

| 008<br>**8급**<br>고 | 古 | **예 고**<br><br>口부 2획<br>총5획 | * 古家 고가 : 지은 지 오래된 집 (家 집 가)<br>* 古今 고금 : 옛날과 지금 (今 이제 금)<br>* 千古 천고 : 아주 오랜 세월 동안 (千 일천 천) |
|---|---|---|---|

여러(十) 대에 걸쳐서 입(口)으로 전해온다는 데
서 옛날 또는 낡음을 뜻함

古　古　古　古　古

| 古 | 古 | 古 | | | | | | |
|---|---|---|---|---|---|---|---|---|

| 고 | 가 | | 고 | 금 | | 천 | 고 |
|---|---|---|---|---|---|---|---|
| 古 | 家 | | 古 | 今 | | 千 | 古 |

| 009 |  | 연고 고 | * 故人 고인 : 죽은 사람 (人 사람 인) |
| --- | --- | --- | --- |
| **8급** | | 攵=攴부 5획 | * 無故 무고 : 사고 없이 평안함 (無 없을 무) |
| 고 | | 총9획 | * 事故 사고 : 뜻밖에 일어난 불행한 일 (事 일 사) |

옛날부터(古) 변함없이 줄곧 같은 일을 하는(攵
=攴) 것은 그 까닭이 있다는 데서 연고를 뜻함

一 十 古 古 古 古 故 故

故 故 故

| 고 | 인 | | 무 | 고 | | 사 | 고 |
| --- | --- | --- | --- | --- | --- | --- | --- |
| 故 | 人 | | 無 | 故 | | 事 | 故 |
| | | | | | | | |

| 010 |  | 굽을 곡 | * 古曲 고곡 : 옛 가곡 (古 옛 고) |
| --- | --- | --- | --- |
| **8급** | | 曰부 2획 | * 名曲 명곡 : 뛰어난 악곡 (名 이름 명) |
| 곡 | | 총6획 | * 樂曲 악곡 : 곡조를 나타낸 부호 (樂 노래 악) |

대나무나 싸리 등으로 만든 바구니의 모양
이 굽어 있는 것을 본떠 만듦

曲 口 日 由 曲 曲

曲 曲 曲

| 고 | 곡 | | 명 | 곡 | | 악 | 곡 |
| --- | --- | --- | --- | --- | --- | --- | --- |
| 古 | 曲 | | 名 | 曲 | | 樂 | 曲 |
| | | | | | | | |

## 011 9급 공 工

**장인 공**

工부 0획
총3획

구멍을 뚫고 다듬을 때 쓰는 도구의 모양을 본떠 만듦

* 木工 목공 : 나무를 다루어서 물건을 만드는 일 (木 나무 목)
* 手工 수공 : 손으로 하는 간단한 공예 (手 손 수)
* 人工 인공 : 사람이 하는 일 (人 사람 인)

工 工 工

工 工 工

| 목 | 공 | | 수 | 공 | | 인 | 공 |
|---|---|---|---|---|---|---|---|
| 木 | 工 | | 手 | 工 | | 人 | 工 |
| | | | | |  | | |

## 012 9급 과 果

**실과 과**

木부 4획
총8획

나무(木) 위에 열매(田)가 열린 모양을 본떠 만듦

* 果木 과목 : 열매를 얻기 위하여 가꾸는 나무 (木 나무 목)
* 山果 산과 : 산에서 나는 과실 (山 메 산)
* 成果 성과 : 이루어 낸 결과 (成 이룰 성)

丨 冂 曰 曰 旦 甲 果 果

果 果 果

| 과 | 목 | | 산 | 과 | | 성 | 과 |
|---|---|---|---|---|---|---|---|
| 果 | 木 | | 山 | 果 | | 成 | 果 |

013
**8급**
과

科

**과목 과**

禾부 4획
총9획

* 内科 **내과** : 내장기관의 병을 물리 요법이나 약으로 치료하는 분야 (内 안 내)
* 百科 **백과** : 학문의 모든 분과 (百 일백 백)
* 分科 **분과** : 각 전문 과목이나 업무에 따라 나눔 (分 나눌 분)

곡식(禾)을 말(斗)로 헤아려서 종류나 수량을 구분한다는 데서 과목을 뜻함

一 二 千 禾 禾 禾 禾 科 科

科 科 科

| 내 | 과 | | 백 | 과 | | 분 | 과 |
|---|---|---|---|---|---|---|---|
| 内 | 科 | | 百 | 科 | | 分 | 科 |
| | | | | | | | |
| | | | | | | | |

014
**8급**
광

光

**빛 광**

儿부 4획
총6획

* 光名 **광명** : 빛나는 이름 (名 이름 명)
* 白光 **백광** : 희게 보이는 빛 (白 흰 백)
* 日光 **일광** : 햇빛 (日 날 일)

사람(儿=人)이 햇불(火)을 들고 있다는 데서 밝게 비추는 빛을 뜻함

光 光 光 光 光 光

光 光 光

| 광 | 명 | | 백 | 광 | | 일 | 광 |
|---|---|---|---|---|---|---|---|
| 光 | 名 | | 白 | 光 | | 日 | 光 |
| | | | | | | | |
| | | | | | | | |

015
9급
교

사귈 교

亠부 4획
총6획

사람의 종아리가 교차해 있는 모양을 본떠 만듦

* 交火 교화 : 서로 병력을 가지고 싸움
　　　　　　 (火 불 화)
* 面交 면교 : 얼굴이나 알고 지내는 정도의 벗
　　　　　　 (面 낯 면)
* 文交 문교 : 글로써 서로 사귐 (文 글월 문)

交 交 交 六 亠 交

交　交　交

| 교 | 화 | | 면 | 교 | | 문 | 교 |
|---|---|---|---|---|---|---|---|
| 交 | 火 | | 面 | 交 | | 文 | 交 |
| | | | | | | | |

016
9급
구

입 구

口부 0획
총3획

사람의 입 모양을 본떠 만듦

* 萬口 만구 : 많은 사람의 입이나 말 (萬 일만 만)
* 人口 인구 : 일정한 지역에 사는 사람의 수
　　　　　　 (人 사람 인)
* 火口 화구 : 불을 때는 아궁이의 아가리
　　　　　　 (火 불 화)

口 口 口

口　口　口

| 만 | 구 | | 인 | 구 | | 화 | 구 |
|---|---|---|---|---|---|---|---|
| 萬 | 口 | | 人 | 口 | | 火 | 口 |
| | | | | | | | |

017
8급
구

九

아홉 구

乙부 1획
총2획

* 九門 구문 : 아홉 개 또는 아홉 겹의 대문
  (門 문 문)
* 九有 구유 : 많은 영토 (有 있을 유)
* 九天 구천 : 가장 높은 하늘 (天 하늘 천)

다섯 손가락을 위로 펴고 다른 손의 네 손
가락을 옆으로 편 모양을 나타냄

九 九

九　九　九

| 구 | 문 | | 구 | 유 | | 구 | 천 |
|---|---|---|---|---|---|---|---|
| 九 | 門 | | 九 | 有 | | 九 | 天 |
| | | | | | | | |

018
8급
군

軍

군사 군

車부 2획
총9획

* 軍令 군령 : 군사상의 명령 (令 하여금 령(영))
* 軍人 군인 : 군대에서 복무하는 사람
  (人 사람 인)
* 大軍 대군 : 병사의 수가 많은 군대
  (大 큰 대)

전차(車) 주위를 둘러싸고(冖) 싸운다고 하
여 군사를 뜻함

軍 軍 軍 軍 冚 冟 冟 宣 軍

軍　軍　軍

| 군 | 령 | | 군 | 인 | | 대 | 군 |
|---|---|---|---|---|---|---|---|
| 軍 | 令 | | 軍 | 人 | | 大 | 軍 |
| | | | | | | | |

<table>
<tr><td rowspan="2">019<br>8급<br>금</td><td rowspan="2"></td><td>**이제 금**</td><td>* 今年 금년 : 올해 (年 해 년(연))</td></tr>
<tr><td>人부 2획<br>총4획</td><td>* 今生 금생 : 지금 살고 있는 세상 (生 날 생)<br>* 今回 금회 : 이번 (回 돌아올 회)</td></tr>
</table>

세월이 흐르고 쌓여(合) 지금에 이르렀다
는 뜻으로 이제를 뜻함

ノ 人 𠆢 今

| 今 | 今 | 今 | | | | | | | |
|---|---|---|---|---|---|---|---|---|---|

| 금 | 년 | | 금 | 생 | | 금 | 회 |
|---|---|---|---|---|---|---|---|
| 今 | 年 | | 今 | 生 | | 今 | 回 |
| | | | | | | | |

<table>
<tr><td rowspan="2">020<br>8급<br>금</td><td rowspan="2"></td><td>**쇠금/성김**</td><td>* 金石 금석 : 쇠붙이와 돌 (石 돌 석)</td></tr>
<tr><td>金부 0획<br>총8획</td><td>* 年金 연금 : 국가나 회사가 복무한 사람에게<br>　　　　　해마다 주는 돈 (年 해 년(연))<br>* 元金 원금 : 본전 (元 으뜸 원)</td></tr>
</table>

세월이 흘러(今) 흙(土) 속에 광물(두 개의
점)이 생겼는데 그것이 쇠라는 뜻

ノ 人 𠆢 今 亼 全 金 金

| 金 | 金 | 金 | | | | | |
|---|---|---|---|---|---|---|---|

| 금 | 석 | | 연 | 금 | | 원 | 금 |
|---|---|---|---|---|---|---|---|
| 金 | 石 | | 年 | 金 | | 元 | 金 |
| | | | | | | | |

| 021 |  | 몸 기 | * 己有 기유 : 자기가 소유한 물건 (有 있을 유) |
| --- | --- | --- | --- |
| 8급 기 | | 己부 0획 총3획 | * 一己 일기 : 자기 한 몸 (一 한 일) |
| | | | * 自己 자기 : 나, 제 자신 (自 스스로 자) |

상대에게 허리를 굽혀 자세를 낮추고 있는
사람의 모양을 본떠 만듦

己　己　己

| 己 | 己 | 己 | | | | | |
| --- | --- | --- | --- | --- | --- | --- | --- |

| 기 | 유 | | 일 | 기 | | 자 | 기 |
| --- | --- | --- | --- | --- | --- | --- | --- |
| 己 | 有 | | 一 | 己 | | 自 | 己 |
| | | | | | | | |

| 022 |  | 남녘 남 | * 南風 남풍 : 남쪽에서 불어 오는 바람 (風 바람 풍) |
| --- | --- | --- | --- |
| 8급 남 | | 十부 7획 총9획 | * 南下 남하 : 남쪽으로 내려감 (下 아래 하) |
| | | | * 東南 동남 : 동쪽과 남쪽 (東 동녘 동) |

울타리(冂)를 치고 양(羊)을 기르는 좋은
땅이 남쪽이라는 뜻

一　十　十　内　内　南　南　南　南

| 南 | 南 | 南 | | | | | |
| --- | --- | --- | --- | --- | --- | --- | --- |

| 남 | 풍 | | 남 | 하 | | 동 | 남 |
| --- | --- | --- | --- | --- | --- | --- | --- |
| 南 | 風 | | 南 | 下 | | 東 | 南 |
| | | | | | | | |

023
8급
남

**사내 남**

田부 2획
총7획

* 男兒 **남아** : 남자 아이 (兒 아이 아)
* 三男 **삼남** : 셋째 아들, 세 아들 (三 석 삼)
* 長男 **장남** : 맏아들 (長 길 장)

논밭(田)에서 힘써(力) 일하는 사람을 뜻함

丨 口 曰 甲 田 叧 男

男 男 男

| 남 | 아 | | | 삼 | 남 | | | 장 | 남 |
|---|---|---|---|---|---|---|---|---|---|
| 男 | 兒 | | | 三 | 男 | | | 長 | 男 |
| | | | | | | | | | |

024
8급
내

**안 내**

入부 2획
총4획

* 內面 **내면** : 안쪽, 속마음 (面 낯 면)
* 內外 **내외** : 안과 밖 (外 바깥 외)
* 邑內 **읍내** : 읍의 구역 안 (邑 고을 읍)

비어있는(冂) 곳에 들어간다(入)는 뜻

内 冂 冈 內

內 內 內

| 내 | 면 | | | 내 | 외 | | | 읍 | 내 |
|---|---|---|---|---|---|---|---|---|---|
| 內 | 面 | | | 內 | 外 | | | 邑 | 內 |
| | | | | | | | | | |

# 연습문제 1

**[01-07] 다음 한자(漢字)의 음(音)은 무엇입니까?**

01 車 : ①거 ②가 ③각 ④건 ⑤견

02 高 : ①곡 ②광 ③고 ④과 ⑤계

03 工 : ①교 ②곰 ③군 ④금 ⑤공

04 家 : ①각 ②가 ③김 ④간 ⑤감

05 內 : ①내 ②녀 ③년 ④능 ⑤념

06 男 : ①남 ②단 ③납 ④담 ⑤난

07 己 : ①균 ②기 ③구 ④국 ⑤긴

**[08-12] 다음 음(音)을 가진 한자(漢字)는 무엇입니까?**

08 과 : ①口 ②今 ③故 ④內 ⑤果

09 교 : ①家 ②高 ③九 ④工 ⑤交

10 각 : ①南 ②角 ③金 ④己 ⑤軍

11 건 : ①建 ②車 ③口 ④光 ⑤科

12 견 : ①曲 ②男 ③古 ④見 ⑤季

**[13-18] 다음 한자(漢字)의 뜻은 무엇입니까?**

13 口 : ①코 ②귀 ③입
④눈 ⑤등

14 故 : ①뿔 ②옛날 ③이제
④연고 ⑤능하다

15 九 : ①열 ②해 ③흙
④열매 ⑤아홉

16 軍 : ①수레 ②군사 ③높다
④낮다 ⑤크다

17 今 : ①이제 ②친구 ③시험
④사귀다 ⑤모이다

18 南 : ①몸 ②남녘 ③동생
④북녘 ⑤아우

**[19-23] 다음의 뜻을 가진 한자(漢字)는 무엇입니까?**

19 쇠 : ① 己　　② 金　　③ 見

　　　④ 工　　⑤ 內

20 빛 : ① 光　　② 建　　③ 南

　　　④ 家　　⑤ 口

21 과목 : ① 科　　② 男　　③ 車

　　　　④ 角　　⑤ 高

22 굽다 : ① 今　　② 曲　　③ 古

　　　　④ 九　　⑤ 故

23 계절 : ① 見　　② 軍　　③ 季

　　　　④ 交　　⑤ 果

## [24-35] 다음 한자어(漢字語)의 음(音)은 무엇입니까?

24 人口 : ① 팔구　　② 여인　　③ 공구

　　　　④ 부인　　⑤ 인구

25 交火 : ① 수목　　② 교화　　③ 석수

　　　　④ 교수　　⑤ 수화

26 山果 : ① 산과　　② 과목　　③ 과실

　　　　④ 삼목　　⑤ 산실

27 木工 : ① 목수　　② 수공　　③ 목공

④ 수목　　⑤ 교목

28 車馬 : ① 거마　　② 차말　　③ 백마

　　　　④ 차주　　⑤ 거말

29 家風 : ① 가구　　② 풍습　　③ 가장

　　　　④ 가풍　　⑤ 풍년

30 建立 : ① 건축　　② 건립　　③ 토사

　　　　④ 토건　　⑤ 건군

31 雨季 : ① 우계　　② 사계　　③ 우비

　　　　④ 사철　　⑤ 우기

32 古今 : ① 고금　　② 고가　　③ 금고

　　　　④ 오금　　⑤ 금속

33 名曲 : ① 악곡　　② 고곡　　③ 유명

　　　　④ 고명　　⑤ 명곡

34 百科 : ① 내과　　② 백과　　③ 고백

　　　　④ 교과　　⑤ 십백

35 長男 : ① 장손　　② 장녀　　③ 차남

　　　　④ 장남　　⑤ 차녀

| 025 | 女 | 계집 녀 | * 母女 모녀 : 어머니와 딸 (母 어미 모) |
| --- | --- | --- | --- |
| **9급** 녀 | | 女부 0획 총3획 | * 女王 여왕 : 여자 임금 (王 임금 왕) |
| | | | * 長女 장녀 : 맏딸 (長 길 장) |

여자가 손을 앞으로 모으고 무릎을 꿇고 있는 모양을 본떠 만듦

ㄑ 女 女

女　女　女

| 모 | 녀 | | 여 | 왕 | | 장 | 녀 |
| --- | --- | --- | --- | --- | --- | --- | --- |
| 母 | 女 | | 女 | 王 | | 長 | 女 |

| 026 | 年 | 해 년 | * 老年 노년 : 늙은 나이 (老 늙을 로(노)) |
| --- | --- | --- | --- |
| **8급** 년 | | 干부 3획 총6획 | * 萬年 만년 : 오랜 세월 (萬 일만 만) |
| | | | * 年內 연내 : 그해의 안 (內 안 내) |

사람(人)이 길을 가듯이 벼(禾)도 자라서 수확하면 해가 지남을 뜻함

年 年 年 午 午 年

年　年　年

| 노 | 년 | | 만 | 년 | | 연 | 내 |
| --- | --- | --- | --- | --- | --- | --- | --- |
| 老 | 年 | | 萬 | 年 | | 年 | 內 |

027
8급
능

能

능할 능

月=肉부 6획
총10획

곰의 재능이 다양하다는 데서 '능하다'는
뜻이됨

* 能力 능력 : 일을 감당할 수 있는 힘 (力 힘 력)
  * 能力者능력자 : 실력 있는 사람 (者 놈 자)

* 能手 능수 : 어떤 일에 능숙한 솜씨 (手 손 수)

* 萬能 만능 : 온갖 일을 다 할 수 있음
  (萬 일만 만)

厶 厶 厃 幻 匀 匀 貟 貟 貟 能 能 能

能　能　能

| 능 | 력 | | 능 | 수 | | 만 | 능 |
|---|---|---|---|---|---|---|---|
| 能 | 力 | | 能 | 手 | | 萬 | 能 |
| | | | | | | | |

028
8급
단

單

홑 단

口부 9획
총12획

많은 식구(口口)를 위해 밭(田)에 나가 여러
날을(十) 홀로 열심히 일한다는 뜻

* 單面 단면 : 단 하나의 면밖에 없는 결정형
  (面 낯 면)

* 名單 명단 : 사람들의 이름을 적은 표
  (名 이름 명)

* 食單 식단 : 일정한 기간에 먹을 음식의 종류와
  순서를 짜 놓은 표 (食 밥 식)

丨 冂 冂 冂 冈 門 門 門 罌 嚪 單 單

單　單　單

| 단 | 면 | | 명 | 단 | | 식 | 단 |
|---|---|---|---|---|---|---|---|
| 單 | 面 | | 名 | 單 | | 食 | 單 |
| | | | | | | | |

| 029 9급 대 |  | 큰 대<br>大부 0획<br>총3획 | * 大門 대문 : 큰 문, 한 집의 주가 되는 출입문<br>(門 문 문)<br>* 大川 대천 : 큰 내. 이름난 내 (川 내 천)<br>* 長大 장대 : 길고 큼 (長 길 장) |
|---|---|---|---|

사람이 두 팔과 다리를 벌리고 서 있는 모습을 본떠 만듦

一 大 大

| 大 | 大 | 大 |  |  |  |  |

| 대 | 문 |  | 대 | 천 |  | 장 | 대 |
|---|---|---|---|---|---|---|---|
| 大 | 門 |  | 大 | 川 |  | 長 | 大 |
|  |  |  |  |  |  |  |  |

| 030 8급 동 | 同 | 한가지 동<br>□부 3획<br>총6획 | * 同門 동문 : 같은 학교, 같은 선생에게<br>배우는 일. 같은 문 (門 문 문)<br>* 同生 동생 : 아우나 손아래 누이 (生 날 생)<br>* 同行 동행 : 같이 길을 감 (行 다닐 행) |
|---|---|---|---|

여러 사람의 말(口)이 하나(一)로 된다는 뜻으로 말이 같음을 뜻함

丨 冂 冂 同 同 同

| 同 | 同 | 同 |  |  |  |  |

| 동 | 문 |  | 동 | 생 |  | 동 | 행 |
|---|---|---|---|---|---|---|---|
| 同 | 門 |  | 同 | 生 |  | 同 | 行 |
|  |  |  |  |  |  |  |  |

| 031<br>8급<br>동 |  | 동녘 동<br><br>木부 4획<br>총8획 | * 東土 동토 : 동쪽의 땅 (土 흙 토)<br>* 東風 동풍 : 동쪽에서 불어오는 바람<br>　　　　　　(風 바람 풍)<br>* 東北 동북 : 동쪽과 북쪽 (北 북녘 북) |
|---|---|---|---|

나무(木)에 해(日)가 떠오르는 모습을 본떠 만듦

一 「 「 「 「 申 東 東

| 東 | 東 | 東 | | | | | | |
|---|---|---|---|---|---|---|---|---|

| 동 | 토 | | 동 | 풍 | | 동 | 북 |
|---|---|---|---|---|---|---|---|
| 東 | 土 | | 東 | 風 | | 東 | 北 |
| | | | | | | | |

| 032<br>8급<br>락 |  | 즐길 락/음악 악<br><br>木부 11획<br>총15획 | * 軍樂 군악 : 군대에서 쓰는 음악 (軍 군사 군)<br>* 樂天 낙천 : 세상과 인생을 즐겁게 생각함<br>　　　　　　(天 하늘 천)<br>* 同樂 동락 : 함께 즐김 (同 한가지 동) |
|---|---|---|---|

나무(木) 위에서 북(白)과 방울을 달아 악기를 연주하니 '즐겁다'는 뜻이 됨

樂 ' 白 白 白 伯 紳 紳 紳 樂 樂 樂 樂 樂 樂

| 樂 | 樂 | 樂 | | | | | | |
|---|---|---|---|---|---|---|---|---|

| 군 | 악 | | 낙 | 천 | | 동 | 락 |
|---|---|---|---|---|---|---|---|
| 軍 | 樂 | | 樂 | 天 | | 同 | 樂 |
| | | | | | | | |

033
**8급**
래

올 래

人부 6획

총8획

* 來年 내년 : 올해의 다음 해 (年 해 년(연))
* 本來 본래 : 변하여 내려온 사물의 맨 처음
  (本 근본 본)
* 來日 내일 : 오늘의 바로 다음 날 (日 날 일)

옛날 중국에서 '보리'와 '오다' 음이 비슷하여 보리의 모양을 본떠 만듦

來 來 來 來 來 來 來 來

來 來 來

| 내 | 년 | | | 본 | 래 | | | 내 | 일 |
|---|---|---|---|---|---|---|---|---|---|
| 來 | 年 | | | 本 | 來 | | | 來 | 日 |
| | | | | | | | | | |

034
**9급**
력

힘 력

力부 0획

총2획

* 大力 대력 : 대단히 강한 힘 (大 클/큰 대)
* 力行 역행 : 힘써 행함 (行 다닐 행)
* 火力 화력 : 불의 힘 (火 불 화)

팔에 힘을 주어서 근육이 튀어나온 모양을 본떠 만듦

力 力

力 力 力

| 대 | 력 | | | 역 | 행 | | | 화 | 력 |
|---|---|---|---|---|---|---|---|---|---|
| 大 | 力 | | | 力 | 行 | | | 火 | 力 |
| | | | | | | | | | |

| 035 |  | **하여금 령** | \* 口令 **구령** : 여러 사람이 동작을 일제히 |
|---|---|---|---|

| 035 |
|---|
| **8급** |
| 령 |

**하여금 령**

人부 3획

총5획

\* 口令 **구령** : 여러 사람이 동작을 일제히
취하도록 지휘자가 말로 내리는
간단한 명령 (口 입 구)

\* 法令 **법령** : 법률과 명령 (法 법 법)

\* 令人 **영인** : 착하고 어진 사람 (人 사람 인)

사람(人)들을 한곳(一)에 모아놓고 무릎을 꿇게(卩)
하여 일을 시킨다는 뜻에서 명령 또는 하여금을 뜻함

ノ 人 스 今 令

令 令 令

| 구 | 령 | | | 법 | 령 | | | 영 | 인 |
|---|---|---|---|---|---|---|---|---|---|
| 口令 | | | | 法令 | | | | 令人 | |

---

| 036 |
|---|
| **9급** |
| 로 |

**늙을 로**

老부 0획

총6획

\* 老人 **노인** : 나이가 들어 늙은 사람
(人 사람 인)

\* 老大 **노대** : 나이가 많음 (大 클/큰 대)

\* 老父 **노부** : 늙은 아버지 (父 아비 부)

허리가 굽은 노인이 지팡이를 짚고 서
있는 모양을 본떠 만듦

耂 耂 耂 耂 老 老

老 老 老

| 노 | 인 | | | 노 | 대 | | | 노 | 부 |
|---|---|---|---|---|---|---|---|---|---|
| 老人 | | | | 老大 | | | | 老父 | |

| 037 <br> **8급** <br> 리 |  | **이로울 리** <br><br> リ=刀부 **5획** <br> 총7획 | * 不利 불리 : 이롭지 못함 (不 아닐 부/불) <br> * 元利 원리 : 원금과 이자 (元 으뜸 원) <br> * 利己 이기 : 자기 자신의 이익만을 꾀함 <br>  (己 몸 기) |
|---|---|---|---|

벼(禾)가 익어서 칼(リ)과 낫으로 베어 수확
하니 살림살이에 이롭다는 뜻

／ 二 千 禾 禾 利 利

利　利　利

| 불 | 리 | | 원 | 리 | | 이 | 기 |
|---|---|---|---|---|---|---|---|
| 不 | 利 | | 元 | 利 | | 利 | 己 |
| | | | | | | | |

---

| 038 <br> **9급** <br> 립 | 立 | **설 립** <br><br> 立부 **0획** <br> 총5획 | * 立木 입목 : 땅 위에 서 있는 산 나무 <br>  (木 나무 목) <br> * 立身 입신 : 성공하고 지위를 확고하게 세움 <br>  (身 몸 신) <br> * 自立 자립 : 남에게 의지하지 않고 스스로의 <br>  힘으로 섬 (自 스스로 자) |
|---|---|---|---|

사람(大)이 땅(一) 위에 서 있는 모양을
본떠 만듦

丶 二 六 立 立

立　立　立

| 입 | 목 | | 입 | 신 | | 자 | 립 |
|---|---|---|---|---|---|---|---|
| 立 | 木 | | 立 | 身 | | 自 | 立 |
| | | | | | | | |

039
**9급**
마

# 馬

**말 마**

馬부 0획
총10획

말의 모양(머리와 갈기, 몸통, 꼬리, 네 발)을 본떠 만듦

* 馬夫 마부 : 말을 부려 마차나 수레를 모는 사람 (夫 지아비 부)
* 木馬 목마 : 나무로 말의 모양을 깎아 만든 물건 (木 나무 목)
* 牛馬 우마 : 소와 말 (牛 소 우)

丨 馬 丨 丅 丅 丐 馬 馬 馬 馬 馬

馬 馬 馬

| 마 | 부 | | | 목 | 마 | | | 우 | 마 |
|---|---|---|---|---|---|---|---|---|---|
| 馬 | 夫 | | | 木 | 馬 | | | 牛 | 馬 |
| | | | | | | | | | |

040
**9급**
만

# 萬

**일만 만**

++=艹부 9획
총13획

꼬리를 세운 전갈의 모양을 본떠 만든 글자로, 그 수가 많음을 뜻함

* 萬口 만구 : 많은 사람의 입이나 말 (口 입 구)
* 萬石 만석 : 아주 많은 곡식. 일만 섬 (石 돌 석)
* 萬人 만인 : 모든 사람. 많은 사람 (人 사람 인)

萬 萬 萬 萬 萬 苩 苩 苩 莒 莒 萬 萬 萬

萬 萬 萬

| 만 | 구 | | | 만 | 석 | | | 만 | 인 |
|---|---|---|---|---|---|---|---|---|---|
| 萬 | 口 | | | 萬 | 石 | | | 萬 | 人 |
| | | | | | | | | | |

| 041 9급 면 | 面  | 낯 면 面부 0획 총9획 | * 面目 면목 : 얼굴의 생김새. 체면 (目 눈 목) |
|---|---|---|---|
| | | | * 文面 문면 : 문장이나 편지에 나타난 대강의 내용 (文 글월 문) |
| | | | * 水面 수면 : 물의 겉면 (水 물 수) |

정면에서 본 사람 얼굴의 윤곽(口)과 이마
(一)와 코(鼻)등을 나타냄

面 面 面 面 面 面 面 面 面

面 面 面

| 면 | 목 | | 문 | 면 | | 수 | 면 |
|---|---|---|---|---|---|---|---|
| 面 | 目 | | 文 | 面 | | 水 | 面 |


| 042 8급 명 | 名 | 이름 명 口부 3획 총6획 | * 同名 동명 : 같은 이름 (同 한가지 동) |
|---|---|---|---|
| | | | * 名馬 명마 : 매우 우수한 말 (馬 말 마) |
| | | | * 名門 명문 : 훌륭한 집안 (門 문 문) |

저녁(夕)이 되면 사람이 안 보이므로 이름
을 말(口)로 불러야 한다는 뜻임

名 夕 夕 名 名 名

名 名 名

| 동 | 명 | | 명 | 마 | | 명 | 문 |
|---|---|---|---|---|---|---|---|
| 同 | 名 | | 名 | 馬 | | 名 | 門 |

| 043 9급 모 |  | 어미 모<br>毋부 1획<br>총5획 | * 老母 노모 : 늙은 어머니 (老 늙을 로(노)) |
| | | | * 母子 모자 : 어머니와 아들 (子 아들 자) |
| | | | * 父母 부모 : 아버지와 어머니 (父 아비 부) |

어머니가 아이에게 젖을 먹이는 모양을
본떠 만듦

ㄴ 囚 母 母 母

母　母　母

| 노 | 모 | | 모 | 자 | | 부 | 모 |
|---|---|---|---|---|---|---|---|
| 老 | 母 | | 母 | 子 | | 父 | 母 |

| 044 8급 모 | 毛 | 터럭(털) 모<br>毛부 0획<br>총4획 | * 馬毛 마모 : 말의 털 (馬 말 마) |
| | | | * 羊毛 양모 : 양의 털 (羊 양 양) |
| | | | * 人毛 인모 : 사람의 머리털 (人 사람 인) |

사람이나 짐승의 털이 난 모양을 본떠 만듦

毛 毛 毛 毛

毛　毛　毛

| 마 | 모 | | 양 | 모 | | 인 | 모 |
|---|---|---|---|---|---|---|---|
| 馬 | 毛 | | 羊 | 毛 | | 人 | 毛 |

| 045 |  | 나무 목 | * 老木 노목 : 나이가 많아 생장 활동이 활발 |
|---|---|---|---|

**045**
**9급**
목

**나무 목**

木부 0획
총4획

* 老木 노목 : 나이가 많아 생장 활동이 활발
　　　　　　하지 못한 나무 (老 늙을 로(노))
* 木果 목과 : 나무의 열매 (果 실과/열매 과)
* 木石 목석 : 나무와 돌 (石 돌 석)

땅에 뿌리를 박고 서 있는 나무(木)의 모양
을 본떠 만듦

一 十 才 木

木　木　木

| 노 | 목 | | 목 | 과 | | 목 | 석 |
|---|---|---|---|---|---|---|---|
| 老 | 木 | | 木 | 果 | | 木 | 石 |

**046**
**9급**
목

目

**눈 목**

目부 0획
총5획

* 萬目 만목 : 많은 사람의 눈 (萬 일만 만)
* 目子 목자 : 물체를 볼 수 있는 감각 기관. 눈
　　　　　　(子 아들 자)
* 人目 인목 : 사람의 눈 (人 사람 인)

사람의 눈 모양을 본떠 만듦

丨 冂 冃 目 目

目　目　目

| 만 | 목 | | 목 | 자 | | 인 | 목 |
|---|---|---|---|---|---|---|---|
| 萬 | 目 | | 目 | 子 | | 人 | 目 |

<table>
<tr><td>047<br>8급<br>무</td><td></td><td>없을 무<br><br>灬=火부 8획<br>총12획</td><td>* 無事 무사 : 아무 일도 없음 (事 일 사)<br>* 無能 무능 : 어떤 일을 해결하는 능력이 없음<br>(能 능할 능)<br>* 無力 무력 : 힘이 없음 (力 힘 력(역))</td></tr>
</table>

숲에 불(灬=火)이 나서 모두 타고 없다는 뜻

丿 丿 亡 丘 丘 無 無 無 無 無 無 無

| 無 | 無 | 無 |
| --- | --- | --- |

| 무 | 사 | | 무 | 능 | | 무 | 력 |
| --- | --- | --- | --- | --- | --- | --- | --- |
| 無 | 事 | | 無 | 能 | | 無 | 力 |
| | | | | | | | |

<table>
<tr><td>048<br>9급<br>문</td><td></td><td>글월 문<br><br>文부 0획<br>총4획</td><td>* 文身 문신 : 살갗을 바늘로 찔러 먹물이나<br>다른 물색을 넣음 (身 몸 신)<br>* 文人 문인 : 학문에 종사하는 사람 (人 사람 인)<br>* 長文 장문 : 길게 지은 글 (長 길/어른 장)</td></tr>
</table>

몸에 ×모양과 같은 문신을 한 모양을 본 떠 만듦

文 文 文 文

| 文 | 文 | 文 |
| --- | --- | --- |

| 문 | 신 | | 문 | 인 | | 장 | 문 |
| --- | --- | --- | --- | --- | --- | --- | --- |
| 文 | 身 | | 文 | 人 | | 長 | 文 |
| | | | | | | | |

# 연습문제 2

**[01-07]** 다음 한자(漢字)의 음(音)은 무엇입니까?

01 文 : ① 마 ② 만 ③ 무 ④ 물 ⑤ 문

02 目 : ① 민 ② 말 ③ 목 ④ 미 ⑤ 머

03 母 : ① 모 ② 면 ③ 명 ④ 며 ⑤ 매

04 年 : ① 년 ② 념 ③ 난 ④ 노 ⑤ 남

05 能 : ① 능 ② 누 ③ 너 ④ 내 ⑤ 농

06 單 : ① 대 ② 담 ③ 당 ④ 단 ⑤ 다

07 同 : ① 독 ② 달 ③ 답 ④ 동 ⑤ 돌

**[08-12]** 다음 음(音)을 가진 한자(漢字)는 무엇입니까?

08 면 : ① 女 ② 文 ③ 面 ④ 無 ⑤ 目

09 만 : ① 萬 ② 木 ③ 毛 ④ 母 ⑤ 名

10 동 : ① 馬 ② 立 ③ 利 ④ 老 ⑤ 東

11 락 : ① 令 ② 力 ③ 同 ④ 大 ⑤ 樂

12 래 : ① 單 ② 能 ③ 來 ④ 年 ⑤ 無

**[13-18]** 다음 한자(漢字)의 뜻은 무엇입니까?

13 馬 : ① 양 ② 말 ③ 등
④ 목 ⑤ 염소

14 立 : ① 팔 ② 울다 ③ 서다
④ 앉다 ⑤ 다리

15 令 : ① 열 ② 터럭 ③ 한가지
④ 하여금 ⑤ 움직이다

16 利 : ① 수레 ② 낮다 ③ 높다
④ 이롭다 ⑤ 말하다

17 名 : ① 아우 ② 이름 ③ 잡다
④ 사귀다 ⑤ 즐기다

18 毛 : ① 해 ② 털 ③ 북녘
④ 시내 ⑤ 시험

**[19-23]** 다음의 뜻을 가진 한자(漢字)는 무엇입니까?

19 늙다  : ① 樂　　② 東　　③ 名
　　　　④ 目　　⑤ 老

20 나무  : ① 高　　② 力　　③ 木
　　　　④ 大　　⑤ 母

21 능하다 : ① 來　　② 女　　③ 能
　　　　④ 同　　⑤ 利

22 없다  : ① 毛　　② 無　　③ 面
　　　　④ 立　　⑤ 文

23 해   : ① 單　　② 年　　③ 令
　　　　④ 馬　　⑤ 萬

## [24-35] 다음 한자어(漢字語)의 음(音)은 무엇입니까?

24 母女 : ① 여아　　② 여인　　③ 부인
　　　　④ 모녀　　⑤ 부녀

25 大門 : ① 대문　　② 대천　　③ 인간
　　　　④ 천문　　⑤ 천자

26 火力 : ① 수력　　② 화기　　③ 화장
　　　　④ 수기　　⑤ 화력

27 老父 : ① 장인　　② 노부　　③ 노인
　　　　④ 노모　　⑤ 장부

28 自立 : ① 자립　　② 백천　　③ 자수
　　　　④ 백설　　⑤ 자유

29 無能 : ① 유능　　② 무력　　③ 무능
　　　　④ 유실　　⑤ 유사

30 羊毛 : ① 마모　　② 양모　　③ 미소
　　　　④ 양말　　⑤ 인모

31 名馬 : ① 명마　　② 명문　　③ 동사
　　　　④ 동문　　⑤ 명사

32 不利 : ① 유리　　② 부유　　③ 원리
　　　　④ 부자　　⑤ 불리

33 法令 : ① 구령　　② 사령　　③ 경례
　　　　④ 차례　　⑤ 법령

34 本來 : ① 본질　　② 내일　　③ 원래
　　　　④ 본래　　⑤ 내년

35 東風 : ① 서풍　　② 남풍　　③ 동풍
　　　　④ 남북　　⑤ 북풍

| 049 9급 문 | 門 | 문 문 門부 0획 총8획 | * 高門 고문 : 부귀하고 지체가 높은 이름난 집안 (高 높을 고) |
|---|---|---|---|

**門** 원편과 오른편의 두 문짝 모양을 본떠 만듦

* 山門 산문 : 산의 어귀. 절의 바깥문 (山 메 산)
* 石門 석문 : 돌로 만든 문 (石 돌 석)

門 門 門 門 門 門 門 門

| 門 | 門 | 門 |
|---|---|---|

| 고 | 문 | | 산 | 문 | | 석 | 문 |
|---|---|---|---|---|---|---|---|
| 高 | 門 | | 山 | 門 |  | 石 | 門 |

| 050 8급 민 | 民 | 백성 민 氏부 1획 총5획 | * 民事 민사 : 민간에 관한 일 (事 일 사) |
|---|---|---|---|

눈이 보이지 않아 무지하다는 데서 교육을 못받은 사람은 즉 일반 사람이란 뜻

* 民家 민가 : 일반 국민들이 사는 집 (家 집 가)
* 民法 민법 : 개인의 권리와 관련된 법규 (法 법 법)

民 民 民 民 民

| 民 | 民 | 民 |
|---|---|---|

| 민 | 사 | | 민 | 가 | | 민 | 법 |
|---|---|---|---|---|---|---|---|
| 民 | 事 | | 民 | 家 | | 民 | 法 |

| | |
|---|---|
| 051 **8급** 방  | **모 방** 方부 0획 총4획 |

\* 方面 방면 : 어떤 장소나 지역이 있는 방향 (面 낯 면)
\* 百方 백방 : 여러가지 온갖 방법 (百 일백 백)
\* 行方 행방 : 간 곳이나 방향 (行 다닐 행)

통나무 배 두 척이 나란히 하고 있는 모양을 본떠 만듦

方 方 方 方

方　方　方

| 방 | 면 | | 백 | 방 | | 행 | 방 |
|---|---|---|---|---|---|---|---|
| 方 | 面 | | 百 | 方 | | 行 | 方 |
| | | | | | | | |

| | |
|---|---|
| 052 **8급** 백  | **흰 백** 白부 0획 총5획 |

\* 白馬 백마 : 털이 흰색의 말 (馬 말 마)
\* 白色 백색 : 흰 색 (色 빛 색)
\* 自白 자백 : 자기가 저지른 죄나 허물을 남들 앞에서 고백함 (自 스스로 자)

햇빛(日)이 위(丿)를 향하여 비추는 모양을 본떠만듦

丿 丨 冂 白 白

白　白　白

| 백 | 마 | | 백 | 색 | | 자 | 백 |
|---|---|---|---|---|---|---|---|
| 白 | 馬 | | 白 | 色 | | 自 | 白 |
| | | | | | | | |

053
8급
백

일백 백

白부 1획
총6획

하나(一)부터 시작하여 100까지 세어서 밝
게 (白) 말하다라는 뜻

* 百果 백과 : 온갖 과일 (果 실과/열매 과)
* 百年 백년 : 한 해의 백 배, 일백 년
  (年 해 년(연))
* 千百 천백 : 수천 수백의 많은 수
  (千 일천 천)

百 百 百 百 百 百

百 百 百

| 백 | 과 | | 백 | 년 | | 천 | 백 |
|---|---|---|---|---|---|---|---|
| 百 | 果 | | 百 | 年 | | 千 | 百 |
| | | | | | | | |

054
8급
법

법 법

氵=水부 5획
총8획

물(水)은 높은데서 낮은 곳으로 흘러가면서 더러운
것을 제거하는(去) 규칙이 있음을 뜻함

* 方法 방법 : 어떤 일을 해나가는 방식이나
  수단 (方 모 방)
* 不法 불법 : 법에 어긋남 (不 아닐 부/불)
* 立法 입법 : 법률을 제정함 (立 설 립(입))

法 法 法 法 法 法 法 法

法 法 法

| 방 | 법 | | 불 | 법 | | 입 | 법 |
|---|---|---|---|---|---|---|---|
| 方 | 法 | | 不 | 法 | | 立 | 法 |
| | | | | | | | |

| 055 |  | 병사 병 | * 兵力 병력 : 군대의 힘 (力 힘 력(역)) |
| --- | --- | --- | --- |
| **8급** 병 | | 八부 5획<br>총7획 | * 老兵 노병 : 경험이 많아 노련한 병사.<br>늙은 병사(老 늙을 로(노))<br>* 兵馬 병마 : 병사와 군마 (馬 말 마) |

무기(斤)를 양 손으로 쥐고 있음을 뜻함

兵 ┌ ┢ 乒 乒 兵 兵

| 병 | 력 | | 노 | 병 | | 병 | 마 |
| --- | --- | --- | --- | --- | --- | --- | --- |
| 兵 | 力 | | 老 | 兵 | | 兵 | 馬 |

| 056 |  | 근본 본 | * 本能 본능 : 세상에 태어나면서부터 갖고<br>있는 동작이나 운동 (能 능할 능) |
| --- | --- | --- | --- |
| **8급** 본 | | 木부 1획<br>총5획 | * 本色 본색 : 본디의 빛깔이나 생김새 (色 빛 색)<br>* 本心 본심 : 꾸밈이나 거짓이 없는 참마음<br>(心 마음 심) |

나무(木)의 근본은 그 뿌리(一)에 있으며 뿌리는 나무의 기본이 됨을 뜻함

一 十 才 木 本

| 본 | 능 | | 본 | 색 | | 본 | 심 |
| --- | --- | --- | --- | --- | --- | --- | --- |
| 本 | 能 | | 本 | 色 | | 本 | 心 |

| 057<br>9급<br>부 |  夫 | 지아비 **부**<br><br>大부 1획<br>총4획 | * **工夫** 공부 : 학문이나 기술을 배우고 익힘<br>　　　　　 (工 장인 공)<br>* **夫人** 부인 : 남의 아내의 높임말 (人 사람 인)<br>* **萬夫** 만부 : 수많은 남자 또는 사람<br>　　　　　 (萬 일만 만) |
|---|---|---|---|

상투(一)를 한 늠름한 사내(大), 즉 남자 어른을 뜻함

一 二 夫 夫

| 夫 | 夫 | 夫 | | | | | |
|---|---|---|---|---|---|---|---|

| 공 | 부 | | 부 | 인 | | 만 | 부 |
|---|---|---|---|---|---|---|---|
| 工 | 夫 | | 夫 | 人 | | 萬 | 夫 |
| | | | | | | | |

| 058<br>9급<br>부 | 父 | 아비 **부**<br><br>父부 0획<br>총4획 | * **父女** 부녀 : 아버지와 딸 (女 계집 녀(여))<br>* **父子** 부자 : 아버지와 아들 (子 아들 자)<br>* **父兄** 부형 : 아버지와 형 (兄 형 형) |
|---|---|---|---|

회초리(八=父)를 손(又)에 들고 자식을 가르치는 아버지라는 뜻

父 父 父 父

| 父 | 父 | 父 | | | | | |
|---|---|---|---|---|---|---|---|

| 부 | 녀 | | 부 | 자 | | 부 | 형 |
|---|---|---|---|---|---|---|---|
| 父 | 女 | | 父 | 子 | | 父 | 兄 |
| | | | | | | | |

| 059 |  | 아닐 부(불) | * 不能 불능 : 할 수 없음 (能 능할 능) |
| --- | --- | --- | --- |
| 8급 | | 一부 3획 | * 不同 부동 : 서로 같지 않음 (同 한가지 동) |
| 부 | | 총4획 | * 不老 불로 : 늙지 아니함 (老 늙을 로(노)) |

하늘(一)로 높이 날아간 새가 보이지 않는
다에서 아니다의 뜻이 됨

不 不 不 不

| 不 | 不 | 不 | | | | | |
| --- | --- | --- | --- | --- | --- | --- | --- |

| 불 | 능 | | 부 | 동 | | 불 | 로 |
| --- | --- | --- | --- | --- | --- | --- | --- |
| 不 | 能 | | 不 | 同 | | 不 | 老 |
| | | | | | | | |

| 060 |  | 북녘 북/달아날 배 | * 南北 남북 : 남쪽과 북쪽 (南 남녘 남) |
| --- | --- | --- | --- |
| 8급 | | 匕부 3획 | * 北方 북방 : 북쪽 지방. 북쪽 (方 모 방) |
| 북 | | 총5획 | * 北風 북풍 : 북쪽에서 불어오는 바람 |
| | | | (風 바람 풍) |

서로 등지고 있는 모양으로 등진 쪽이 북쪽이
며, 등을 돌리는 것은 달아나는 것임을 뜻함

北 北 北 北 北

| 北 | 北 | 北 | | | | | |
| --- | --- | --- | --- | --- | --- | --- | --- |

| 남 | 북 | | 북 | 방 | | 북 | 풍 |
| --- | --- | --- | --- | --- | --- | --- | --- |
| 南 | 北 | | 北 | 方 | | 北 | 風 |
| | | | | | | | |

| 061 |  | 나눌 분 | * 分利 분리 : 이익을 나눔 (利 이로울 리(이)) |
| --- | --- | --- | --- |
| 8급 분 | | 刀부 2획 총4획 | * 水分 수분 : 물기 (水 물 수)<br>* 身分 신분 : 개인의 사회적인 위치나 계급<br>(身 몸 신) |

칼(刀)로 물건을 가르고 나눈다(八)는 뜻

丿 八 今 分

| 分 | 分 | 分 | | | | | | |
| --- | --- | --- | --- | --- | --- | --- | --- | --- |

| 분 | 리 | | 수 | 분 | | 신 | 분 |
| --- | --- | --- | --- | --- | --- | --- | --- |
| 分 | 利 | | 水 | 分 | | 身 | 分 |
| | | | | | | | |

| 062 |  | 일 사 | * 内事 내사 : 집안이나 나라 안의 일<br>(内 안 내) |
| --- | --- | --- | --- |
| 8급 사 | | 亅부 7획 총8획 | * 能事 능사 : 자기에게 알맞아 잘하는 일<br>(能 능할 능)<br>* 成事 성사 : 일이 이루어짐 (成 이룰 성) |

사건을 역사의 기록으로 만드는 일은 중요한 일이라는 데서 일을 뜻하게 됨

事 事 事 事 写 写 写 事

| 事 | 事 | 事 | | | | | | |
| --- | --- | --- | --- | --- | --- | --- | --- | --- |

| 내 | 사 | | 능 | 사 | | 성 | 사 |
| --- | --- | --- | --- | --- | --- | --- | --- |
| 内 | 事 | | 能 | 事 | | 成 | 事 |
| | | | | | | | |

| 063 **8급** 사 |  | 역사 사<br>□부 2획<br>총5획 | * 史家 사가 : 역사를 전문으로 연구하는 사람<br>(家 집 가) |
| --- | --- | --- | --- |

손(又)이 붓(中)을 들고 역사를 기록한다는 뜻

* 書史 서사 : 책 (書 글 서)
* 女史 여사 : 결혼한 여자의 높임말<br>(女 계집 녀(여))

丿 冂 口 史 史

| 史 | 史 | 史 | | | | | | |
| --- | --- | --- | --- | --- | --- | --- | --- | --- |

| 사 | 가 | | 서 | 사 | | 여 | 사 |
| --- | --- | --- | --- | --- | --- | --- | --- |
| 史 | 家 | | 書 | 史 | | 女 | 史 |
| | | | | | | | |

| 064 **8급** 사 |  | 넉 사<br>□부 2획<br>총5획 | * 四面 사면 : 모든 방면. 네 개의 면 (面 낮 면) |
| --- | --- | --- | --- |

두 이(二)에 두 이(二)를 합한 글자, 또는 손
가락 네개를 펴서 넷을 나타냄

* 四方 사방 : 동, 서, 남, 북 네 방위. 여러 곳<br>(方 모 방)
* 四書 사서 : 논어, 맹자, 중용, 대학을 말함<br>(書 글 서)

四 四 四 四 四

| 四 | 四 | 四 | | | | | | |
| --- | --- | --- | --- | --- | --- | --- | --- | --- |

| 사 | 면 | | 사 | 방 | | 사 | 서 |
| --- | --- | --- | --- | --- | --- | --- | --- |
| 四 | 面 | | 四 | 方 | | 四 | 書 |
| | | | | | | | |

| 065<br>**8급**<br>사 | 士 | **선비 사**<br><br>士부 0획<br>총3획 | * 軍士 군사 : 군인이나 군대 (軍 군사 군)<br>* 士兵 사병 : 장교가 아닌 부사관과 병사 또는<br>　　　　　　부사관 아래의 병사 (兵 병사 병)<br>* 人士 인사 : 사회적 지위가 높거나 사회적<br>　　　　　　활동이 많은 사람 (人 사람 인) |
|---|---|---|---|

하나를(一) 배우면 열을(十) 깨우치는 사람
이라는 데서 선비를 뜻함

土 十 士

| 士 | 士 | 士 | | | | | |
|---|---|---|---|---|---|---|---|

| 군 | 사 | | 사 | 병 | | 인 | 사 |
|---|---|---|---|---|---|---|---|
| 軍 | 士 | | 士 | 兵 | | 人 | 士 |
| | | | | | | | |

| 066<br>**9급**<br>산 | 山 | **메 산**<br><br>山부 0획<br>총3획 | * 山水 산수 : 산과 물. 경치 (水 물 수)<br>* 王山 왕산 : 큰 산 (王 임금 왕)<br>* 火山 화산 : 땅속에 가스, 마그마 등이 지각의<br>　　　　　　틈으로 나와 쌓여서 이루어진 산<br>　　　　　　(火 불 화) |
|---|---|---|---|

우뚝 솟은 산봉우리의 모습을 본떠 만듦

山 山 山

| 山 | 山 | 山 | | | | | |
|---|---|---|---|---|---|---|---|

| 산 | 수 | | 왕 | 산 | | 화 | 산 |
|---|---|---|---|---|---|---|---|
| 山 | 水 | | 王 | 山 | | 火 | 山 |
| | | | |  | | | |

**067**
**8급**
삼

三

**석 삼**

一부 2획
총3획

세 손가락을 옆으로 펴거나 나무 젓가락 셋을
옆으로 뉘어 놓은 모양을 나타내어 셋을 뜻함

* 三角 삼각 : 세모. 삼각형 (角 뿔 각)
* 三大 삼대 : 세 가지 크거나 중요하거나
  대표적인 것 (大 클/큰 대)
* 三世 삼세 : 아버지, 아들, 손자의 세 대
  (世 인간 세)

三 三 三

三 三 三

| 삼 | 각 | | 삼 | 대 | | 삼 | 세 |
|---|---|---|---|---|---|---|---|
| 三 | 角 | | 三 | 大 | | 三 | 世 |
| | | | | | | | |

---

**068**
**8급**
상

上

**윗 상**

一부 2획
총3획

물건(卜)이 기준선(一) 위에 있는 것을 나타
내어 위의 뜻이 됨

* 上位 상위 : 높은 지위나 윗자리 (位 자리 위)
* 世上 세상 : 모든 사람이 살고 있는 지구 위
  (世 인간 세)
* 水上 수상 : 물의 위. 흐르는 물의 위쪽
  (水 물 수)

丨 卜 上

上 上 上

| 상 | 위 | | 세 | 상 | | 수 | 상 |
|---|---|---|---|---|---|---|---|
| 上 | 位 | | 世 | 上 | | 水 | 上 |
| | | | | | | | |

| 069 |  | 장사 상 | * 商家 상가 : 장사를 업으로 하는 집 |
|---|---|---|---|
| 8급 상 | | □부 8획 총11획 | * 商人 상인 : 장사를 하는 사람 (人 사람 인) |
| | | | * 行商 행상 : 이곳저곳 다니며 물건을 파는 일 (行 다닐 행) |

言(언)과 內(내)를 합쳐서 상품을 자세히 설명해서 판다는 뜻이 됨

丶 一 亠 产 产 产 产 商 商 商

| 商 | 商 | 商 | | | | | | |

| 상 | 가 | | 상 | 인 | | 행 | 상 |
|---|---|---|---|---|---|---|---|
| 商 | 家 | | 商 | 人 | | 行 | 商 |
| | | | | | | | |

| 070 | 色 | 빛 색 | * 單色 단색 : 한 가지 색 (單 홑 단) |
|---|---|---|---|
| 8급 색 | | 色부 0획 총6획 | * 無色 무색 : 아무 색이 없음 (無 없을 무) |
| | | | * 百色 백색 : 여러 가지 특색 (百 일백 백) |

사람(人)이 무릎을 꿇으니(卩) 얼굴의 색깔을 잘 알수 있다는 데서 안색 또는 빛깔을 뜻함

丿 ク ケ 各 各 色

| 色 | 色 | 色 | | | | |

| 단 | 색 | | 무 | 색 | | 백 | 색 |
|---|---|---|---|---|---|---|---|
| 單 | 色 | | 無 | 色 | | 百 | 色 |
| | | | | | | | |

| 071 8급 생 |  | 날 생<br>生부 0획<br>총5획 | * 生父 생부 : 낳아 준 아버지 (父 아비 부)<br>* 生色 생색 : 남의 앞에 당당히 나설 수 있거나<br>　　　　　　　자랑할 만한 체면 (色 빛 색)<br>* 生日 생일 : 세상에 태어난 날 (日 날 일) |

씨앗이 싹터 땅(土) 위에 돋아나듯 새 생명
을 낳는다는 뜻이 됨

生　ㅏ　ㅑ　牛　生

| 生 | 生 | 生 | | | | | | | | |

| 생 | 부 | | | 생 | 색 | | | 생 | 일 |
|---|---|---|---|---|---|---|---|---|---|
| 生 | 父 | | | 生 | 色 | | | 生 | 日 |
| | | | | | | | | | |

| 072 8급 서 | 書 | 글 서<br>曰부 6획<br>총10획 | * 文書 문서 : 글이나 기호 등으로 일정한<br>　　　　　　　의사나 사상을 나타낸 것<br>　　　　　　　(文 글월 문)<br>* 書面 서면 : 내용을 적은 서류 (面 낯 면)<br>* 原書 원서 : 번역한 책에 대하여 그 원래의<br>　　　　　　　책 (原 언덕/근원 원) |

성인의 말(曰)을 붓(聿)으로 적은 것이라는
뜻이 합(合)하여 ' 글 ' 을 뜻함

ㄱ　ㄱ　ㄱ　ㅋ　聿　聿　聿　書　書　書

| 書 | 書 | 書 | | | | | | | | |

| 문 | 서 | | | 서 | 면 | | | 원 | 서 |
|---|---|---|---|---|---|---|---|---|---|
| 文 | 書 | | | 書 | 面 | | | 原 | 書 |
| | | | | | | | | | |

# 연습문제 3

[01-07] 다음 한자(漢字)의 음(音)은 무엇입니까?

01 門 : ①미 ②물 ③무 ④모 ⑤문

02 書 : ①순 ②서 ③석 ④속 ⑤수

03 不 : ①불 ②보 ③분 ④봉 ⑤본

04 色 : ①새 ②사 ③색 ④생 ⑤삭

05 商 : ①성 ②섬 ③산 ④상 ⑤삼

06 民 : ①민 ②말 ③밀 ④만 ⑤먹

07 方 : ①방 ②북 ③부 ④복 ⑤반

[08-12] 다음 음(音)을 가진 한자(漢字)는 무엇입니까?

08 부 : ①門 ②夫 ③民 ④方 ⑤百

09 생 : ①生 ②法 ③兵 ④本 ⑤四

10 상 : ①父 ②不 ③北 ④分 ⑤上

11 사 : ①山 ②三 ③商 ④色 ⑤史

12 백 : ①四 ②事 ③白 ④士 ⑤書

[13-18] 다음 한자(漢字)의 뜻은 무엇입니까?

13 父 : ①딸　　②아들　　③부모
　　　　④아비　　⑤지아비

14 北 : ①글월　②방위　　③북녁
　　　　④지방　　⑤자리

15 本 : ①글　　②근본　　③장사
　　　　④선비　　⑤아니다

16 兵 : ①문　　②병　　③색깔
　　　　④병사　　⑤백성

17 法 : ①빛　　②법　　③반
　　　　④울다　　⑤웃다

18 百 : ①일백　②일천　　③일만
　　　　④백만　　⑤천만

[19-23] 다음의 뜻을 가진 한자(漢字)는 무엇입니까?

19 메 ：①百 ②四 ③山
④上 ⑤史

20 석 ：①三 ②書 ③方
④本 ⑤色

21 나누다 ：①民 ②分 ③兵
④北 ⑤商

22 선비 ：①土 ②夫 ③法
④不 ⑤士

23 일 ：①門 ②事 ③生
④父 ⑤四

## [24-35] 다음 한자어(漢字語)의 음(音)은 무엇입니까?

24 四面 ：①방면 ②행방 ③사방
④모방 ⑤사면

25 工夫 ：①공사 ②공부 ③장인
④공인 ⑤장부

26 父子 ：①부자 ②장자 ③부인
④장녀 ⑤부녀

27 火山 ：①화산 ②수산 ③산수

④화재 ⑤수상

28 高門 ：①고문 ②고금 ③소간
④고간 ⑤소문

29 民事 ：①민가 ②사법 ③민법
④민사 ⑤입법

30 百方 ：①행방 ②북면 ③백방
④서면 ⑤북방

31 不法 ：①규범 ②불법 ③방칙
④방법 ⑤규칙

32 本能 ：①본능 ②원질 ③본래
④원래 ⑤본심

33 北風 ：①북풍 ②서면 ③동면
④서풍 ⑤북면

34 身分 ：①수분 ②분신 ③신장
④분리 ⑤신분

35 成事 ：①능력 ②성사 ③내사
④성과 ⑤능사

| 073<br>**8급**<br>서 |  | **서녘 서**<br><br>襾부 0획<br>총6획 | * 東西 동서 : 동쪽과 서쪽 (東 동녘 동)<br>* 西面 서면 : 앞방향이 서쪽에 있음 (面 낯 면)<br>* 西風 서풍 : 서쪽에서 불어오는 바람<br><br>(風 바람 풍) |
|---|---|---|---|

저녁 때 해가 서쪽에 기울어 새가 둥지에
돌아 간다는 데서 서녘을 뜻함

一 冂 冂 币 两 西 西

| 西 | 西 | 西 | | | | | | |
|---|---|---|---|---|---|---|---|---|

| 동 | 서 | | 서 | 면 | | 서 | 풍 |
|---|---|---|---|---|---|---|---|
| 東 | 西 | | 西 | 面 | | 西 | 風 |
| | | | | | | | |

| 074<br>**9급**<br>석 |  | **저녁 석**<br><br>夕부 0획<br>총3획 | * 夕月 석월 : 저녁 때 나오는 달 (月 달 월)<br>* 夕日 석일 : 석양 (日 날 일)<br>* 日夕 일석 : 해가 질 무렵부터 밤이 되기까지<br><br>사이 (日 날 일) |
|---|---|---|---|

해가 저물 무렵의 달이 희미하게 보이는 것을 나타
내기 위해 달 월(月)에서 한 획을 줄여 저녁을 뜻함

ノ 夕 夕

| 夕 | 夕 | 夕 | | | | | | |
|---|---|---|---|---|---|---|---|---|

| 석 | 월 | | 석 | 일 | | 일 | 석 |
|---|---|---|---|---|---|---|---|
| 夕 | 月 | | 夕 | 日 | | 日 | 夕 |
| | | | | | | | |

075
**9급**
석

**돌 석**

石부 0획
총5획

언덕 아래 뒹굴고 있는 돌의 모양을 본떠
만듦

* 石工 석공 : 돌을 전문으로 물건을 만드는
　　　　　사람 (工 장인 공)
* 石文 석문 : 비석이나 기와 등에 새긴 글
　　　　　(文 글월 문)
* 水石 수석 : 물과 돌, 실내에서 즐기는
　　　　　관상용 자연석 (水 물 수)

一 丆 丆 石 石

| 石 | 石 | 石 | | | | | | |
|---|---|---|---|---|---|---|---|---|

| 석 | 공 | | 석 | 문 | | 수 | 석 |
|---|---|---|---|---|---|---|---|
| 石 | 工 | | 石 | 文 | | 水 | 石 |
| | | | | | | | |

076
**8급**
성
成

**이룰 성**

戈부 3획
총7획

무성한(戊) 나무처럼 혈기 왕성한 장정(丁)이
힘써 일을 하여 목적한 바를 이룬다는 뜻

* 成果 성과 : 이루어 낸 결과 (果 실과/열매 과)
* 成立 성립 : 일이나 관계 등이 잘 이루어짐
　　　　　(立 설 립(입))
* 成長 성장 : 사람이나 동식물 등이 점점 커짐
　　　　　(長 길/어른 장)

成 成 成 戊 成 成 成

| 成 | 成 | 成 | | | | | | |
|---|---|---|---|---|---|---|---|---|

| 성 | 과 | | 성 | 립 | | 성 | 장 |
|---|---|---|---|---|---|---|---|
| 成 | 果 | | 成 | 立 | | 成 | 長 |
| | | | | | | | |

| 077 | 世 | 인간 세 | * 來世 내세 : 죽은 뒤에 산다는 미래의 세상 (來 올 래(내)) |
| --- | --- | --- | --- |
| 8급 세 | | 一부 4획 총5획 | * 身世 신세 : 남에게 도움을 받거나 폐를 끼치는 일 (身 몸 신) |
| | | | * 行世 행세 : 사람의 도리를 행함 (行 다닐 행) |

세 개의 十을 이어 삼십 년을 뜻하며, 한 세대를 대략 30년으로 하여 세대를 뜻하기도 함

一 十 卋 世 世

世 世 世

| 내 | 세 | | 신 | 세 | | 행 | 세 |
| --- | --- | --- | --- | --- | --- | --- | --- |
| 來 | 世 | | 身 | 世 | | 行 | 世 |
| | | | | | | | |

| 078 | 小 | 작을 소 | * 大小 대소 : 크고 작음 (大 클/큰 대) |
| --- | --- | --- | --- |
| 8급 소 | | 小부 0획 총3획 | * 小心 소심 : 마음 씀씀이가 작아 대담하지 못함 (心 마음 심) |
| | | | * 小食 소식 : 양을 적게 먹음 (食 밥/먹을 식) |

흩어져있는 작은 낟알의 모양으로 크기가 작다는 뜻임

小 小 小

小 小 小

| 대 | 소 | | 소 | 심 | | 소 | 식 |
| --- | --- | --- | --- | --- | --- | --- | --- |
| 大 | 小 | | 小 | 心 | | 小 | 食 |
| | | | | | | | |

| 079 8급 소 |  | 적을 소 小부 1획 총4획 | * 少女 소녀 : 아직 완전히 성숙하지 않은 여자 아이 (女 계집 녀(여)) |
|---|---|---|---|

* 少年 소년 : 아직 완전히 성숙하지 않은 남자 아이 (年 해 년(연))
* 老少 노소 : 늙은 사람과 젊은 사람 (老 늙을 로(노))

조그만(小) 물건의 일부가 나뉘어져 더욱 적어지는 모양을 본떠 만듦

丿 小 小 少

少　少　少

| 소 | 녀 | | 소 | 년 | | 노 | 소 |
|---|---|---|---|---|---|---|---|
| 少 | 女 | | 少 | 年 | | 老 | 少 |
| | | | | | | | |

---

| 080 9급 수 |  | 손 수 手부 0획 총4획 | * 木手 목수 : 나무를 다루어 집을 짓거나 물건 등을 만드는 사람 (木 나무 목) |
|---|---|---|---|

* 交手 교수 : 두 손을 마주 잡음 (交 사귈 교)
* 石手 석수 : 돌을 다루어 물건을 만드는 사람 (石 돌 석)

다섯 손가락이 다 펴있는 손과 손목의 모양을 본떠 만듦

手 手 弄 手

手　手　手

| 목 | 수 | | 교 | 수 | | 석 | 수 |
|---|---|---|---|---|---|---|---|
| 木 | 手 | | 交 | 手 | | 石 | 手 |
| | | | |  | | | |

| 081 |  | 물 수 | * 水力 수력 : 물의 힘 (力 힘 력(역)) |
|---|---|---|---|
| 9급 | | 水부 0획 | * 水夫 수부 : 배에서 잡일을 하는 하급 선원 (夫 지아비 부) |
| 수 | | 총4획 | * 雨水 우수 : 빗물 (雨 비 우) |

강물이나 시냇물이 흐르고 있는 모양을
본떠 만듦

亅 기 水 水

| 水 | 水 | 水 | | | | | | | | | |
|---|---|---|---|---|---|---|---|---|---|---|---|

| 수 | 력 | | 수 | 부 | | 우 | 수 |
|---|---|---|---|---|---|---|---|
| 水 | 力 | | 水 | 夫 | | 雨 | 水 |
| | | | | | | | |

| 082 |  | 시장 시 | * 市內 시내 : 도시의 중심이 되는 거리 (內 안 내) |
|---|---|---|---|
| 8급 | | 巾부 2획 | * 市立 시립 : 시에서 세움 (立 설 립(입)) |
| 시 | | 총5획 | * 市民 시민 : 그 도시에 사는 사람 (民 백성 민) |

나들이 옷(巾)을 입고 사람들이 모인 곳에 가는 데
(之) 그렇게 가는 곳이 저자, 시장이라는 뜻임

丶 亠 广 市 市

| 市 | 市 | 市 | | | | | | | | | |
|---|---|---|---|---|---|---|---|---|---|---|---|

| 시 | 내 | | 시 | 립 | | 시 | 민 |
|---|---|---|---|---|---|---|---|
| 市 | 內 | | 市 | 立 | | 市 | 民 |
| | | | | | | | |

083
8급
시

**보일 시**

示부 0획
총5획

* 内示 내시 : 아무도 모르게 알림 (内 안 내)
* 示角 시각 : 보이는 각도 (角 뿔 각)
* 表示 표시 : 겉으로 드러내 보임 (表 겉 표)

제물을 차려 놓은 제단의 모양을 본떠 만듦
으로 제물을 신에게 보여 준다는 뜻임

一 二 亍 示 示

| 示 | 示 | 示 | | | | |

| 내 | 시 | | 시 | 각 | | 표 | 시 |
|---|---|---|---|---|---|---|---|
| 内 | 示 | | 示 | 角 | | 表 | 示 |
| | | | | | | | |

084
8급
식

**밥 식**

食부 0획
총9획

* 食口 식구 : 한집에서 끼니를 함께 하며
　　　　　 사는 사람 (口 입 구)
* 食事 식사 : 음식을 먹는 일 (事 일 사)
* 衣食 의식 : 옷과 음식 (衣 옷 의)

사람(人)은 본능적으로 먹는 것을 좋아하
며(良) 그렇게 즐겨먹는 것이 밥임을 뜻함

ノ 人 人 今 今 食 食 食 食

| 食 | 食 | 食 | | | | |

| 식 | 구 | | 식 | 사 | | 의 | 식 |
|---|---|---|---|---|---|---|---|
| 食 | 口 | | 食 | 事 | | 衣 | 食 |
| | | | | | | | |

085
**9급**
신

**몸 신**

身부 0획
총7획

* 身長 신장 : 사람의 키 (長 길/어른 장)
* 自身 자신 : 자기 몸 (自 스스로 자)
* 長身 장신 : 키가 큼 (長 길/어른 장)

임신하여 배가 불룩해진 여자의 모습을
본떠 만듦

丿 丿 刁 刁 自 身 身

身　身　身

| 신 | 장 | | | 자 | 신 | | 장 | 신 |
|---|---|---|---|---|---|---|---|---|
| 身 | 長 | | | 自 | 身 | | 長 | 身 |
| | | | | | | | | |

086
**8급**
신

臣

**신하 신**

臣부 0획
총6획

* 名臣 명신 : 훌륭한 신하 (名 이름 명)
* 小臣 소신 : 임금에게 대하여 자기를 낮춘 말
　　　　　　(小 작을 소)
* 臣下 신하 : 임금을 섬기어 벼슬하는 사람
　　　　　　(下 아래 하)

크게 눈을 뜬 모양에서 신과 임금을 섬기
는 사람이라는 뜻이 됨

臣 臣 臣 臣 臣 臣

臣　臣　臣

| 명 | 신 | | 소 | 신 | | 신 | 하 |
|---|---|---|---|---|---|---|---|
| 名 | 臣 | | 小 | 臣 | | 臣 | 下 |
| | | | | | | | |

| 087<br>8급<br>실 |  | **잃을 실**<br>大부 2획<br>총5획 | * 失言 실언 : 실수하여 잘못 말함 (言 말씀 언)<br>* 失手 실수 : 조심하지 않고 잘못을 함<br>　　　　　　　(手 손 수)<br>* 大失 대실 : 손해가 큼 (大 클/큰 대) |
|---|---|---|---|

손(手)에서 물건 등이 떨어져 나가다(乙),<br>그래서 잃게 된다는 뜻임

ノ 十 仁 仁 失 失

| 失 | 失 | 失 | | | | | |
|---|---|---|---|---|---|---|---|

| 실 | 언 | | 실 | 수 | | 대 | 실 |
|---|---|---|---|---|---|---|---|
| 失 | 言 | | 失 | 手 | | 大 | 失 |
| | | | | | | | |

| 088<br>9급<br>심 |  | **마음 심**<br>心부 0획<br>총4획 | * 心身 심신 : 마음과 몸 (身 몸 신)<br>* 人心 인심 : 사람의 마음 (人 사람 인)<br>* 天心 천심 : 하늘의 뜻. 타고난 마음씨<br>　　　　　　　(天 하늘 천) |
|---|---|---|---|

사람의 심장 모양을 본떠 만듦

ノ 心 心 心

| 心 | 心 | 心 | | | | | |
|---|---|---|---|---|---|---|---|

| 심 | 신 | | 인 | 심 | | 천 | 심 |
|---|---|---|---|---|---|---|---|
| 心 | 身 | | 人 | 心 | | 天 | 心 |
| | | | | | | | |

| 089 8급 십 | 十 | 열 십 十부 0획 총2획 | * 十月 시월 : 열두 달 중에서 열째 달 (月 달 월) * 十年 십년 : 열 해 (年 해 년(연)) * 十萬 십만 : 만의 열 배 (萬 일만 만) |
|---|---|---|---|

두 손을 교차하게 하여 합친 모양을 나타 내어 열을 뜻함

十 十

| 十 | 十 | 十 | | | | | |
|---|---|---|---|---|---|---|---|

| 시 | 월 | | 십 | 년 | | 십 | 만 |
|---|---|---|---|---|---|---|---|
| 十 | 月 | | 十 | 年 | | 十 | 萬 |
| | | | | | | | |

| 090 9급 아 | 兒 | 아이 아 儿부 6획 총8획 | * 大兒 대아 : 큰 아이 (大 클/큰 대) * 兒子 아자 : 어린 아이 (子 아들 자) * 女兒 여아 : 여자 아이 (女 계집 녀(여)) |
|---|---|---|---|

젖먹이 아이의 머리뼈(臼)와 이를 강조하여 그린 사람의 모습으로 이가 다시 날 때쯤의 아이를 뜻함

兒 兒 兒 兒 兒 臼 兒 兒

| 兒 | 兒 | 兒 | | | | |
|---|---|---|---|---|---|---|

| 대 | 아 | | 아 | 자 | | 여 | 아 |
|---|---|---|---|---|---|---|---|
| 大 | 兒 | | 兒 | 子 | | 女 | 兒 |
| | | | | | | | |

| 091 | 羊 | 양 양 | * 山羊 산양 : 염소 (山 메 산) |
| --- | --- | --- | --- |
| 9급 양 | | 羊부 0획 총6획 | * 牛羊 우양 : 소와 양 (牛 소 우) |
| | | | * 羊日 양일 : 음력 초나흗날 (日 날 일) |

양의 머리를 본떠 만듦

` ⸌ ⸌⸍ ⸍⸍ ⸍⸍⸍ 兰 羊

| 羊 | 羊 | 羊 | | | | | | | |
| --- | --- | --- | --- | --- | --- | --- | --- | --- | --- |

| 산 | 양 | | 우 | 양 | | | 양 | 일 |
| --- | --- | --- | --- | --- | --- | --- | --- | --- |
| 山 | 羊 | | 牛 | 羊 | | | 羊 | 日 |
| | | | | |  | | | |

| 092 | 魚 | 물고기 어 | * 文魚 문어 : 연체 동물인 바닷물고기 (文 글월 문) |
| --- | --- | --- | --- |
| 9급 어 | | 魚부 0획 총11획 | * 大魚 대어 : 큰 물고기 (大 클/큰 대) |
| | | | * 長魚 장어 : 뱀장어 (長 길/어른 장) |

물고기의 모양을 형상화해서 만듦

魚 魚 魚 魚 魚 魚 魚 魚 魚 魚 魚

| 魚 | 魚 | 魚 | | | | | | | |
| --- | --- | --- | --- | --- | --- | --- | --- | --- | --- |

| 문 | 어 | | 대 | 어 | | | 장 | 어 |
| --- | --- | --- | --- | --- | --- | --- | --- | --- |
| 文 | 魚 | | 大 | 魚 | | | 長 | 魚 |

093
**8급**
언

**말씀 언**

言부 0획
총7획

* 名言 명언 : 훌륭하고 유명한 말
　　　　　　 (名 이름 명)
* 方言 방언 : 각 지방의 사투리 (方 모 방)
* 言行 언행 : 말과 행동 (行 다닐 행)

입(口)으로 마음에 있는 것을 말할 때는
삼가(辛)하여 말함을 뜻함

`　 一 二 亖 言 言 言`

| 명 | 언 | | 방 | 언 | | 언 | 행 |
|---|---|---|---|---|---|---|---|
| 名 | 言 | | 方 | 言 | | 言 | 行 |
| | | | | | | | |

094
**8급**
업

**일 업**

木부 9획
총13획

* 同業 동업 : 함께 같은 사업을 함 (同 한가지 동)
* 事業 사업 : 일정한 목적과 계획을 가지고
　　　　　　 하는 일 (事 일 사)
* 失業 실업 : 일자리를 잃거나 일할 기회를
　　　　　　 얻지 못함 (失 잃을 실)

종이나 북을 거는 도구의 모양을 본뜬 글
자로서, 훗날 일이라는 뜻으로 됨

`` ` `` `丷 丷 业 业 业 业 半 半 半 業 業`

| 동 | 업 | | 사 | 업 | | 실 | 업 |
|---|---|---|---|---|---|---|---|
| 同 | 業 | | 事 | 業 | | 失 | 業 |
| | | | | | | | |

| 095 |  | **다섯 오** |
|---|---|---|
| **8급** | | 二부 2획 |
| 오 | | 총4획 |

* 五色 **오색** : 다섯 가지 색깔 (色 빛 색)
* 五月 **오월** : 열두 달 중에서 다섯째 달 (月 달 월)
* 五六 **오륙** : 다섯이나 여섯 (六 여섯 륙(육))

숫자를 세기 위해 늘어뜨려 놓은 선의 모양을 본떠 만듦

一 丁 五 五

五　五　五

| 오 | 색 | | 오 | 월 | | 오 | 륙 |
|---|---|---|---|---|---|---|---|
| 五 | 色 | | 五 | 月 | | 五 | 六 |
| | | | | | | | |

---

| 096 |  | **낮 오** |
|---|---|---|
| **8급** | | 十부 2획 |
| 오 | | 총4획 |

* 上午 **상오** : 오전 (上 윗 상)
* 下午 **하오** : 정오부터 밤 열두 시까지 (下 아래 하)
* 日午 **일오** : 정오. 한 낮 (日 날 일)

절굿공이를 바로 세운 모양을 본떠 만든 막대를 꽂아 한낮임을 알았다는 데서 낮을 뜻함

丿 ノ 二 午

午　午　午

| 상 | 오 | | 하 | 오 | | 일 | 오 |
|---|---|---|---|---|---|---|---|
| 上 | 午 | | 下 | 午 | | 日 | 午 |
| | | | | | | | |

# 연습문제 4

**[01-07] 다음 한자(漢字)의 음(音)은 무엇입니까?**

01 夕 : ①성 ②석 ③소 ④손 ⑤선

02 手 : ①수 ②속 ③순 ④식 ⑤설

03 兒 : ①언 ②아 ③양 ④어 ⑤야

04 臣 : ①솔 ②세 ③신 ④십 ⑤시

05 失 : ①심 ②섬 ③실 ④송 ⑤생

06 業 : ①염 ②억 ③약 ④업 ⑤요

07 午 : ①운 ②오 ③여 ④우 ⑤온

**[08-12] 다음 음(音)을 가진 한자(漢字)는 무엇입니까?**

08 석 : ①石 ②西 ③業 ④魚 ⑤羊

09 수 : ①兒 ②心 ③失 ④臣 ⑤水

10 오 : ①五 ②身 ③食 ④示 ⑤市

11 언 : ①手 ②少 ③言 ④小 ⑤世

12 십 : ①成 ②夕 ③十 ④西 ⑤午

**[13-18] 다음 한자(漢字)의 뜻은 무엇입니까?**

13 身 : ①코 ②발 ③몸
④눈 ⑤등

14 心 : ①낮 ②목 ③서쪽
④마음 ⑤얼굴

15 食 : ①돌 ②손 ③밥
④저녁 ⑤잃다

16 市 : ①시장 ②신하 ③작다
④낮다 ⑤크다

17 少 : ①많다 ②울다 ③늙다
④높다 ⑤적다

18 世 : ①아우 ②인간 ③여자
④아이 ⑤세우다

**[19-23] 다음의 뜻을 가진 한자(漢字)는 무엇입니까?**

19 양　：① 水　　② 市　　③ 世
　　　　④ 午　　⑤ 羊

20 물고기 ：① 臣　　② 西　　③ 業
　　　　④ 失　　⑤ 魚

21 보이다 ：① 示　　② 食　　③ 言
　　　　④ 十　　⑤ 心

22 작다　：① 身　　② 小　　③ 夕
　　　　④ 石　　⑤ 兒

23 이루다 ：① 五　　② 手　　③ 成
　　　　④ 西　　⑤ 少

## [24-35] 다음 한자어(漢字語)의 음(音)은 무엇입니까?

24 日夕 ：① 월석　② 수석　③ 화석
　　　　④ 목석　⑤ 일석

25 木手 ：① 목수　② 목각　③ 석수
　　　　④ 석각　⑤ 수목

26 女兒 ：① 여아　② 소아　③ 남자
　　　　④ 여자　⑤ 남아

27 天心 ：① 천심　② 심신　③ 인심
　　　　④ 자신　⑤ 인정

28 水力 ：① 수화　② 석공　③ 수부
　　　　④ 수력　⑤ 석문

29 言行 ：① 방언　② 언행　③ 명사
　　　　④ 언급　⑤ 명언

30 失手 ：① 수행　② 실언　③ 실행
　　　　④ 실수　⑤ 수질

31 衣食 ：① 의지　② 주식　③ 외식
　　　　④ 주사　⑤ 의식

32 身長 ：① 신장　② 장신　③ 신체
　　　　④ 자신　⑤ 체질

33 示角 ：① 내시　② 시각　③ 사시
　　　　④ 시간　⑤ 미각

34 成果 ：① 성과　② 과일　③ 과천
　　　　④ 과실　⑤ 성립

35 少年 ：① 노년　② 차녀　③ 소년
　　　　④ 소녀　⑤ 노인

| 097 | 9급 | 옥 |  | 구슬 옥 | 玉부 0획 총5획 |
|---|---|---|---|---|---|

* **玉工 옥공** : 옥으로 물건 등을 만드는 사람 (工 장인 공)
* **玉門 옥문** : 문을 옥으로 꾸밈. 궁궐(門 문 문)
* **玉石 옥석** : 옥과 돌. 좋은 것과 나쁜 것 (石 돌 석)

세 개의 구슬을 끈으로 꿴 모양을 형상화해서 만듦

一 二 三 于 玉 玉

| 玉 | 玉 | 玉 | | | | | |
|---|---|---|---|---|---|---|---|

| 옥 | 공 | | 옥 | 문 | | 옥 | 석 |
|---|---|---|---|---|---|---|---|
| 玉 | 工 | | 玉 | 門 | | 玉 | 石 |

| 098 | 9급 | 왕 | 王 | 임금 왕 | 王부 0획 총4획 |
|---|---|---|---|---|---|

* **大王 대왕** : 임금의 높임말 (大 클/큰 대)
* **王母 왕모** : 할머니. 임금의 어머니 (母 어미 모)
* **王子 왕자** : 왕의 아들 (子 아들 자)

하늘과(一) 땅과(一) 사람을(一) 모두 꿰뚫어(丨) 다스리는 지배자가 왕이라는 뜻임

一 二 于 王

| 王 | 王 | 王 | | | | | |
|---|---|---|---|---|---|---|---|

| 대 | 왕 | | 왕 | 모 | | 왕 | 자 |
|---|---|---|---|---|---|---|---|
| 大 | 王 | | 王 | 母 |  | 王 | 子 |

| 099 |  | 바깥 외 | * 外科 외과 : 외부의 상처나 내장 기관의 질병을 수술이나 치료함 (科 과목 과) |
|---|---|---|---|

099
8급
외

바깥 외

夕부 2획
총5획

* 外科 외과 : 외부의 상처나 내장 기관의 질병을 수술이나 치료함 (科 과목 과)
* 外交 외교 : 외부 사람과 교제. 다른 나라와 경제, 정치, 문화 등의 관계를 맺음 (交 사귈 교)
* 外面 외면 : 겉면 (面 낯 면)

아침이 아닌 저녁(夕)에 점(卜)을 보는 것은 관례에 맞지 않는다는 뜻으로 밖이라는 뜻임

外 ク 夕 列 外

| 외 | 과 | | | 외 | 교 | | | 외 | 면 |
|---|---|---|---|---|---|---|---|---|---|
| 外 | 科 | | | 外 | 交 | | | 外 | 面 |
| | | | | | | | | | |

100
8급
용

얼굴 용

宀부 7획
총10획

* 内容 내용 : 물건의 속 안에 든 것 (内 안 내)
* 言容 언용 : 말씨와 용모 (言 말씀 언)
* 容光 용광 : 얼굴이 빛남. 틈 사이로 들어오는 빛 (光 빛 광)

큰 집(宀)과 골짜기(谷)에는 많은 사람들의 얼굴이 있음을 뜻함

丶 宀 宀 宀 宀 宀 宀 容 容

| 내 | 용 | | | 언 | 용 | | | 용 | 광 |
|---|---|---|---|---|---|---|---|---|---|
| 内 | 容 | | | 言 | 容 | | | 容 | 光 |
| | | | | | | | | | |

| 101 8급 용 | 用 | 쓸 용 用부 0획 총5획 | * 食用 식용 : 먹을 것으로 사용 (食 밥/먹을 식)<br>* 有用 유용 : 쓸모가 있음 (有 있을 유)<br>* 利用 이용 : 사람이나 물건을 쓸모 있게 사용<br>(利 이로울 리(이)) |

집을 둘러싸는 나무 울타리의 모양을 본떠 만듦

丿 几 冂 月 用

用　用　用

| 식 | 용 | | 유 | 용 | | 이 | 용 |
|---|---|---|---|---|---|---|---|
| 食 | 用 | | 有 | 用 | | 利 | 用 |
| | | | | | | | |
| | | | | | | | |

| 102 9급 우 | 牛 | 소 우 牛부 0획 총4획 | * 九牛 구우 : 아홉 마리의 소. 소가 많음<br>(九 아홉 구)<br>* 牛馬 우마 : 소와 말 (馬 말 마)<br>* 天牛 천우 : 하늘소 (天 하늘 천) |

소의 머리 모양을 본떠 만듦

丿 一 二 牛

牛　牛　牛

| 구 | 우 | | 우 | 마 | | 천 | 우 |
|---|---|---|---|---|---|---|---|
| 九 | 牛 | | 牛 | 馬 | | 天 | 牛 |
| | | | | |  | | |
| | | | | | | | |

| 103 | 雨 | 비 우 | * 雨水 우수 : 빗물 (水 물 수) |
| --- | --- | --- | --- |
| 9급 우 | | 雨부 0획<br>총8획 | * 雨衣 우의 : 비옷 (衣 옷 의)<br>* 雨天 우천 : 비가 오는 하늘 (天 하늘 천) |

하늘에서 떨어지는 빗물과 빗방울의 모양
을 본떠 만듦

雨 雨 雨 雨 雨 雨 雨 雨

雨 雨 雨

| 우 | 수 | | 우 | 의 | | 우 | 천 |
| --- | --- | --- | --- | --- | --- | --- | --- |
| 雨 | 水 | | 雨 | 衣 | | 雨 | 天 |

| 104 | 元 | 으뜸 원 | * 身元 신원 : 신분이나 주소, 본적지, 직업 등을<br>말함 (身 몸 신) |
| --- | --- | --- | --- |
| 8급 원 | | 儿부 2획<br>총4획 | * 元年 원년 : 어떤 일이 처음으로 시작되는 해<br>(年 해 년(연))<br>* 元來 원래 : 처음부터 (來 올 래(내)) |

어진 사람(儿)보다 더 위(二=上)에 것이
바로 세상에서 으뜸이라는 뜻임

一 二 亓 元

元 元 元

| 신 | 원 | | 원 | 년 | | 원 | 래 |
| --- | --- | --- | --- | --- | --- | --- | --- |
| 身 | 元 | | 元 | 年 | | 元 | 來 |

| 105 |  | 언덕 원 | * 高原 고원 : 높이가 대단히 높고 넓은 벌판 |
|---|---|---|---|

105
**8급**
원

언덕 원

厂부 8획
총10획

* 高原 고원 : 높이가 대단히 높고 넓은 벌판
(高 높을 고)
* 原因 원인 : 무슨 일이 일어난 까닭 (因 인할 인)
* 原則 원칙 : 어떤 행동에서 기본적으로 지켜야
하는 법칙 (則 법칙 칙)

굴 바위(厂)틈과 땅에서 나오는 샘물(泉)이 큰 강물의 근본이며, 그 강물이 흘러가는 곳이 들판임을 뜻함

原 厂 厉 厉 厊 厏 盾 原 原 原

原 原 原

| 고 | 원 | | 원 | 인 | | 원 | 칙 |
|---|---|---|---|---|---|---|---|
| 高 | 原 | | 原 | 因 | | 原 | 則 |
| | | | | | | | |

---

106
**9급**
월

달 월

月부 0획
총4획

* 大月 대월 : 큰 달 (大 클/큰 대)
* 月石 월석 : 달의 겉면에 있는 돌 (石 돌 석)
* 日月 일월 : 해와 달 (日 날 일)

차고 이지러짐이 있는 달의 모양을 형상화해서 만듦

丿 几 月 月

月 月 月

| 대 | 월 | | 월 | 석 | | 일 | 월 |
|---|---|---|---|---|---|---|---|
| 大 | 月 | | 月 | 石 | | 日 | 月 |
| | | | | | | | |

107
8급
위

**자리 위**

亻=人부 5획
총7획

* 單位 단위 : 길이, 시간 등의 양을 수치로 할때
기초가 되는 기준 (單 홑 단)
* 高位 고위 : 높은 자리 (高 높을 고)
* 方位 방위 : 동서남북을 기준으로 하여
정한 방향 (方 모 방)

훌륭한 사람이(亻=人) 줄지어 서 있는(立)
것을 뜻함

位 位 位 位 位 位 位

位 位 位

| 단 | 위 | | 고 | 위 | | 방 | 위 |
|---|---|---|---|---|---|---|---|
| 單 | 位 | | 高 | 位 | | 方 | 位 |
| | | | | | | | |

108
8급
유

**있을 유**

月부 2획
총6획

* 有能 유능 : 재능이 있음 (能 능할 능)
* 有名 유명 : 이름이 세상에 알려져 있음
(名 이름 명)
* 有利 유리 : 이익이 있음 (利 이로울 리(이))

손에(又←手) 고기(月←肉)를 가지고 있는
것을 뜻함

ノ ナ 才 有 有 有

有 有 有

| 유 | 능 | | 유 | 명 | | 유 | 리 |
|---|---|---|---|---|---|---|---|
| 有 | 能 | | 有 | 名 | | 有 | 利 |
| | | | | | | | |

| 109 8급 유 |  | 말미암을 **유** 田부 0획 총5획 | * 事由 사유 : 까닭 (事 일 사) |
|---|---|---|---|

* 事由 사유 : 까닭 (事 일 사)
* 由來 유래 : 어떤 일이 거쳐온 내력 (來 올 래(내))
* 自由 자유 : 구속을 받지 않고 자기가 원하는 대로 함 (自 스스로 자)

바닥이 깊고 끝이 오무라진 술 단지의 모양을 본떠 만듦으로서 '말미암다'를 뜻함

| 丨 冂 日 由 由 |
|---|

| 由 | 由 | 由 | | | | | | | | | |
|---|---|---|---|---|---|---|---|---|---|---|---|

| 사 | 유 | | 유 | 래 | | 자 | 유 |
|---|---|---|---|---|---|---|---|
| 事 | 由 | | 由 | 來 | | 自 | 由 |
| | | | | | | | |

---

| 110 8급 육 |  | 여섯 **육** 八부 2획 총4획 |
|---|---|---|

* 六月 유월 : 열두 달 중에서 여섯째 달 (月 달 월)
* 六角 육각 : 여섯 개의 직선으로 된 평면 (角 뿔 각)
* 六日 육일 : 엿새 (日 날 일)

두 손 모두 손가락 세 개를 밑으로 편 모양을 나타내어 여섯을 뜻함

| 丶 亠 六 六 |
|---|

| 六 | 六 | 六 | | | | |
|---|---|---|---|---|---|---|

| 유 | 월 | | 육 | 각 | | 육 | 일 |
|---|---|---|---|---|---|---|---|
| 六 | 月 | | 六 | 角 | | 六 | 日 |
| | | | | | | | |

| 111<br>8급<br>육 | 肉 | 고기 육<br><br>肉부 0획<br>총6획 | * 魚肉 어육 : 생선과 동물의 고기 (魚 물고기 어)<br>* 肉食 육식 : 동물 고기를 먹음 (食 밥/먹을 식)<br>* 肉牛 육우 : 음식용으로 기르는 소 (牛 소 우) |

동물 등의 고기를 썰어놓은 모양을 본떠 만듦

丨 冂 内 內 肉 肉

肉 肉 肉

| 어 | 육 | | 육 | 식 | | 육 | 우 |
|---|---|---|---|---|---|---|---|
| 魚 | 肉 | | 肉 | 食 | | 肉 | 牛 |
| | | | | | | | |

| 112<br>8급<br>음 | 音 | 소리 음<br><br>音부 0획<br>총9획 | * 高音 고음 : 높은 소리 (高 높을 고)<br>* 音樂 음악 : 소리의 가락으로 나타내는 예술<br>(樂 노래 악, 즐길 락(낙))<br>* 長音 장음 : 길게 내는 소리 (長 길/어른 장) |

말(言)을 하는 입 구(口)의 글자에 곡조를 뜻하는 一(일)을 더한 모양으로 귀에 들리는 소리를 뜻함

丶 一 二 立 立 产 音 音 音

音 音 音

| 고 | 음 | | 음 | 악 | | 장 | 음 |
|---|---|---|---|---|---|---|---|
| 高 | 音 | | 音 | 樂 | | 長 | 音 |
| | | | | | | | |

113
**8급**
읍

**고을 읍**

邑부 0획
총7획

* 古邑 고읍 : 옛 읍 (古 옛 고)
* 山邑 산읍 : 산골에 있는 마을 (山 메 산)
* 小邑 소읍 : 작은 마을 (小 작을 소)

큰 벽돌로 둘러싸인(口) 곳에서 무릎 꿇고(巴) 있는 백성이 많은 곳이 고을이라는 뜻임

丿 勹 口 口 吕 吕 邑

| 邑 | 邑 | 邑 | | | | | |
|---|---|---|---|---|---|---|---|

| 고 | 읍 | | 산 | 읍 | | 소 | 읍 |
|---|---|---|---|---|---|---|---|
| 古 | 邑 | | 山 | 邑 | | 小 | 邑 |

114
**9급**
의

**옷 의**

衣부 0획
총6획

* 面衣 면의 : 얼굴을 가리던 쓰개 (面 낯 면)
* 文衣 문의 : 아름다운 무늬가 있는 옷 (文 글월 문)
* 玉衣 옥의 : 좋은 옷 (玉 구슬 옥)

상반신의 옷을 입고 깃을 여민 모양을 본떠 만듦

丶 亠 ソ 衣 衣 衣

| 衣 | 衣 | 衣 | | | | |
|---|---|---|---|---|---|---|

| 면 | 의 | | 문 | 의 | | 옥 | 의 |
|---|---|---|---|---|---|---|---|
| 面 | 衣 | | 文 | 衣 | | 玉 | 衣 |

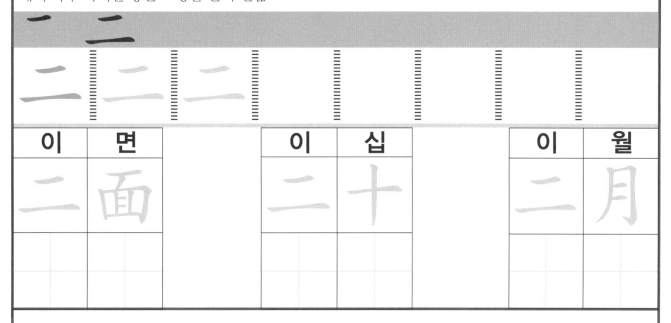

| 115 | 二 | **두 이** |
|---|---|---|
| **8급** | | 二부 0획 |
| 이 | | 총2획 |

* 二面 **이면** : 두 개의 면 (面 낯 면)
* 二十 **이십** : 십의 두 배 (十 열 십)
* 二月 **이월** : 열두 달 중에서 둘째의 달 (月 달 월)

수를 세기 위해 두 개의 손가락을 펴거나 두 개의 나무 가지를 놓은 모양을 본떠 만듦

二

二　二　二

| 이 | 면 | | 이 | 십 | | 이 | 월 |
|---|---|---|---|---|---|---|---|
| 二 | 面 | | 二 | 十 | | 二 | 月 |
| | | | | | | | |

| 116 | 人 | **사람 인** |
|---|---|---|
| **9급** | | 人부 0획 |
| 인 | | 총2획 |

* 人魚 **인어** : 상반신은 사람의 몸이며 하반신은 물고기의 몸 (魚 물고기 어)
* 工人 **공인** : 옛날에 악기를 연주하던 사람 (工 장인 공)
* 人力 **인력** : 사람의 힘. 노동력 (力 힘 력(역))

허리를 굽히고 서 있는 사람을 옆에서 본 모양을 본떠 만듦

人

人　人　人

| 인 | 어 | | 공 | 인 | | 인 | 력 |
|---|---|---|---|---|---|---|---|
| 人 | 魚 | | 工 | 人 | | 人 | 力 |
| | | | |  | | | |

117

**8급**

인

**인할 인**

□부 3획

총6획

* 因果 인과 : 원인과 결과 (果 실과/열매 과)
* 因子 인자 : 어떤 사물의 원인이 되는 요소나
물질 (子 아들 자)
* 火因 화인 : 불이 난 원인 (火 불 화)

담으로 에워싸인(□) 영토를 사람이 팔 벌려서(大) 넓히
려고 하는 데에는 이유가 있음에서 원인을 뜻함

因 刀 冂 冈 因 因

| 因 | 因 | 因 | | | | | | |
|---|---|---|---|---|---|---|---|---|

| 인 | 과 | | 인 | 자 | | 화 | 인 |
|---|---|---|---|---|---|---|---|
| 因 | 果 | | 因 | 子 | | 火 | 因 |
| | | | | | | | |

118

**9급**

일

**날 일**

日부 0획

총4획

* 夕日 석일 : 석양 (夕 저녁 석)
* 元日 원일 : 설날 (元 으뜸 원)
* 天日 천일 : 하늘의 햇볕 (天 하늘 천)

하늘에 떠 있는 해를 본떠 만듦

丨 冂 冃 日

| 日 | 日 | 日 | | | | | | |
|---|---|---|---|---|---|---|---|---|

| 석 | 일 | | 원 | 일 | | 천 | 일 |
|---|---|---|---|---|---|---|---|
| 夕 | 日 | | 元 | 日 | | 天 | 日 |
| | | | | | | | |

| 119 |  | **한 일** | * 一金 일금 : 전부의 돈. 돈의 액수 앞에 씀 |
|---|---|---|---|
| **8급** | | 一부 0획 | (金 성 김/쇠 금) |
| 일 | | 총1획 | * 同一 동일 : 서로 똑같음 (同 한가지 동) |
| | | | * 一生 일생 : 태어나서 죽을 때까지 (生 날 생) |

수를 세기 위해 한 개의 손가락을 펴거나 한 개
의 나무 가지를 놓은 모양을 본떠 만듦

一

一 一 一

| 일 | 금 | | 동 | 일 | | 일 | 생 |
|---|---|---|---|---|---|---|---|
| 一 | 金 | | 同 | 一 | | 一 | 生 |
| | | | | | | | |

| 120 | | **들 입** | * 入金 입금 : 돈을 넣어줌 (金 성 김/쇠 금) |
|---|---|---|---|
| **8급** | | 入부 0획 | * 入山 입산 : 산에 올라감 (山 메 산) |
| 입 | | 총2획 | * 入口 입구 : 들어가는 곳 (口 입 구) |

집이나 굴 등에 들어가는 것을 뜻함

ノ 入

入 入 入

| 입 | 금 | | 입 | 산 | | 입 | 구 |
|---|---|---|---|---|---|---|---|
| 入 | 金 | | 入 | 山 | | 入 | 口 |
| | | | | | | | |

# 연습문제 5

**[01-07]** 다음 한자(漢字)의 음(音)은 무엇입니까?

01 王 : ①완 ②용 ③옥 ④왕 ⑤월

02 牛 : ①유 ②윤 ③우 ④웅 ⑤울

03 入 : ①입 ②인 ③임 ④일 ⑤익

04 邑 : ①욱 ②을 ③음 ④외 ⑤읍

05 肉 : ①운 ②육 ③응 ④율 ⑤융

06 位 : ①원 ②의 ③워 ④위 ⑤이

07 元 : ①원 ②옹 ③올 ④은 ⑤왼

**[08-12]** 다음 음(音)을 가진 한자(漢字)는 무엇입니까?

08 옥 : ①王 ②由 ③玉 ④容 ⑤入

09 우 : ①雨 ②一 ③日 ④因 ⑤人

10 이 : ①二 ②衣 ③邑 ④音 ⑤肉

11 유 : ①六 ②有 ③位 ④月 ⑤原

12 용 : ①元 ②牛 ③外 ④用 ⑤王

**[13-18]** 다음 한자(漢字)의 뜻은 무엇입니까?

13 月 : ①해 ②달 ③별 ④태양 ⑤마을

14 衣 : ①옷 ②물 ③밥 ④눈 ⑤비

15 外 : ①열 ②안 ③대문 ④현관 ⑤바깥

16 音 : ①위 ②소리 ③오르다 ④내리다 ⑤들어가다

17 由 : ①일 ②굽다 ③애쓰다 ④말하다 ⑤말미암다

18 原 : ①산 ②하나 ③언덕 ④으뜸 ⑤고을

**[19-23]** 다음의 뜻을 가진 한자(漢字)는 무엇입니까?

19 사람　:①元　　②二　　③雨
　　　　　④王　　⑤人

20 날　　:①牛　　②有　　③衣
　　　　　④一　　⑤日

21 인하다:①入　　②因　　③外
　　　　　④位　　⑤邑

22 여섯　:①入　　②玉　　③用
　　　　　④六　　⑤雨

23 얼굴　:①容　　②月　　③音
　　　　　④原　　⑤肉

## [24-35] 다음 한자어(漢字語)의 음(音)은 무엇입니까?

24 人力:①입력　　②인도　　③입장
　　　　④인력　　⑤인사

25 日月:①월석　　②일월　　③일석
　　　　④목월　　⑤이월

26 雨天:①우천　　②천둥　　③우수
　　　　④천우　　⑤우비

27 牛馬:①육우　　②천우　　③우마

　　　　④우양　　⑤백마

28 玉衣:①옥공　　②옥의　　③대왕
　　　　④석공　　⑤왕모

29 外交:①사교　　②외교　　③교제
　　　　④교환　　⑤외부

30 內容:①내용　　②용서　　③내속
　　　　④외용　　⑤용광

31 食用:①식용　　②이용　　③식구
　　　　④식사　　⑤유용

32 元來:①근래　　②원일　　③본래
　　　　④원래　　⑤본디

33 原因:①장인　　②인과　　③원단
　　　　④인자　　⑤원인

34 單位:①모방　　②단위　　③행방
　　　　④서면　　⑤방위

35 有能:①능력　　②무력　　③유능
　　　　④능수　　⑤무능

| 121 9급 자 | 子 | **아들 자** 子부 0획 총3획 | * 女子 여자 : 여성 (女 계집 녀(여)) |
| | | | * 子女 자녀 : 아들과 딸 (女 계집 녀(여)) |
| | | | * 長子 장자 : 큰아들 (長 길/어른 장) |

아이가 두 팔을 벌리고 있는 모양을 본떠
만든 글자로 아들을 뜻함

子 了 子

子 子 子

| 여 | 자 | | | 자 | 녀 | | | 장 | 자 |
|---|---|---|---|---|---|---|---|---|---|
| 女 | 子 | | | 子 | 女 | | | 長 | 子 |
| | | | | | |  | | | |

| 122 9급 자 | 自 | **스스로 자** 自부 0획 총6획 | * 自力 자력 : 자기 혼자의 힘 (力 힘 력(역)) |
| | | | * 自手 자수 : 자기 손. 혼자의 노력 (手 손 수) |
| | | | * 自足 자족 : 스스로 풍족함을 느낌 (足 발 족) |

사람의 코를 본떠 만든 글자로, 스스로라
는 뜻도 있고 또 혼자서라는 뜻도 의미함

ˊ ˊ 宀 自 自 自

自 自 自

| 자 | 력 | | | 자 | 수 | | | 자 | 족 |
|---|---|---|---|---|---|---|---|---|---|
| 自 | 力 | | | 自 | 手 | | | 自 | 足 |

123
**8급**
자

**者**

**놈 자**

耂=老**부 5획**
총9획

* 今者 금자 : 지금 (今 이제 금)
* 少者 소자 : 젊은 사람 (少 적을/젊을 소)
* 業者 업자 : 사업을 직접 운영하는 사람
  (業 일 업)

나이 많은 어른(老)이 아랫사람에게 낮추어 말
하는(白) 대상을 가리켜 사람이나 놈을 뜻함

一 十 土 耂 耂 耂 者 者 者

者　者　者

| 금 | 자 | | 소 | 자 | | 업 | 자 |
|---|---|---|---|---|---|---|---|
| 今 | 者 | | 少 | 者 | | 業 | 者 |
| | | | | | | | |

124
**9급**
장

**長**

**길 장**

長**부 0획**
총8획

* 老長 노장 : 나이 많은 승려 (老 늙을 로(노))
* 長老 장로 : 나이가 많고 덕이 높은 사람
  (老 늙을 로(노))
* 長雨 장우 : 장맛비 (雨 비 우)

머리카락이 긴 노인이 지팡이를 짚고 서
있는 모양을 본떠 만듦

丨 丆 F F E 토 투 長 長

長　長　長

| 노 | 장 | | 장 | 로 | | 장 | 우 |
|---|---|---|---|---|---|---|---|
| 老 | 長 | | 長 | 老 | | 長 | 雨 |
| | | | | | | | |

| 125 **9급** 전 |  | **밭 전**<br>田부 0획<br>총5획 | * 玉田 옥전 : 기름진 좋은 밭 (玉 구슬 옥)<br>* 土田 토전 : 논밭 (土 흙 토)<br>* 火田 화전 : 풀과 나무를 불로 태우고 그<br>밭에 농사를 지음 (火 불 화) |

농작물을 기르도록 이랑이 있는 밭의 모양
을 본떠 만듦

丨冂冃田田

田 田 田

| 옥 | 전 | | 토 | 전 | | 화 | 전 |
|---|---|---|---|---|---|---|---|
| 玉 | 田 | | 土 | 田 | | 火 | 田 |
| | | | | | | | |

| 126 **8급** 전 |  | **온전할 전**<br>入부 4획<br>총6획 | * 萬全 만전 : 완벽하여 전혀 빠진게 없음<br>(萬 일만 만)<br>* 全力 전력 : 모든 힘 (力 힘 력(역))<br>* 全面 전면 : 전체의 면 (面 낯 면) |

손에 들어온(入) 구슬(王←玉) 중 가장 예쁘고
좋은 구슬이라는 데서 온전함 또는 완전함을 뜻함

全 入 仝 仐 仐 全

全 全 全

| 만 | 전 | | 전 | 력 | | 전 | 면 |
|---|---|---|---|---|---|---|---|
| 萬 | 全 | | 全 | 力 | | 全 | 面 |
| | | | | | | | |

| 127<br>**8급**<br>제 |  | **아우 제**<br><br>弓**부 4획**<br>**총7획** | * 弟夫 **제부** : 언니가 여동생의 남편을 부르는<br>　　　　　 말 (夫 지아비 부)<br>* 弟子 **제자** : 선생님한테 가르침을 배우는<br>　　　　　 사람 (子 아들 자)<br>* 兄弟 **형제** : 형과 아우 (兄 형 형) |
| --- | --- | --- | --- |

활(弓)을 들고 푯말을 가지고 노는 아우를
본떠 만듦

弟 弟 弟 弟 弔 弟 弟

| 弟 | 弟 | 弟 | | | | |
| --- | --- | --- | --- | --- | --- | --- |

| 제 | 부 | | 제 | 자 | | 형 | 제 |
| --- | --- | --- | --- | --- | --- | --- | --- |
| 弟 | 夫 | | 弟 | 子 | | 兄 | 弟 |

| 128<br>**9급**<br>족 |  | **발 족**<br><br>足**부 0획**<br>**총7획** | * 山足 **산족** : 산기슭 (山 메 산)<br>* 手足 **수족** : 손과 발 (手 손 수)<br>* 長足 **장족** : 사물의 발전이나 진행이 빠름<br>　　　　　 (長 길/어른 장) |
| --- | --- | --- | --- |

무릎에서 발끝까지의 모양을 본떠 만듦

丨 口 口 口 甲 甲 足 足

| 足 | 足 | 足 | | | | |
| --- | --- | --- | --- | --- | --- | --- |

| 산 | 족 | | 수 | 족 | | 장 | 족 |
| --- | --- | --- | --- | --- | --- | --- | --- |
| 山 | 足 | | 手 | 足 | | 長 | 足 |

129
**9급**
주

主

주인 **주**

丶부 4획
총5획

* 自主 자주 : 자기 일은 스스로 함 (自 스스로 자)
* 主力 주력 : 중심이 되는 힘 (力 힘 력(역))
* 主人 주인 : 집안을 이끌어 가는 사람.
  물건의 임자 (人 사람 인)

등불(丶)과 촛대(王)의 모양을 나타내어 어둠 속에서 등불과 같은 사람이 바로 주인임을 뜻함

丶 亠 二 宇 主

主 主 主

| 자 | 주 | | 주 | 력 | | 주 | 인 |
|---|---|---|---|---|---|---|---|
| 自 | 主 | | 主 | 力 | | 主 | 人 |
| | | | | | | | |

130
**8급**
중

中

가운데 **중**

丨부 3획
총4획

* 中年 중년 : 청년과 노년의 중간 나이
  (年 해 년(연))
* 中立 중립 : 어느 쪽에도 치우치지 않고 공정함
  (立 설 립(입))
* 中心 중심 : 한가운데. 가장 중요하며 기본이
  되는 부분 (心 마음 심)

어떤 사물(口)의 가운데를 정확히 꿰뚫음(丨)을 나타냄

中 丨 口 中

中 中 中

| 중 | 년 | | 중 | 립 | | 중 | 심 |
|---|---|---|---|---|---|---|---|
| 中 | 年 | | 中 | 立 | | 中 | 心 |
| | | | | | | | |

| 131<br>8급<br>진 |  | 참 진<br><br>目부 5획<br>총10획 | * 眞心 진심 : 거짓이 없는 참된 마음 (心 마음 심)<br>* 眞玉 진옥 : 진짜 옥 (玉 구슬 옥)<br>* 天眞 천진 : 꾸밈이 없이 자연 그대로 깨끗하고<br>　　　　　　순진함 (天 하늘 천) |
|---|---|---|---|

죽어도(匕) 숨김(ㄴ)이 없음을 여러 방향(八)에서
보이도록(目) 하는 것이 참된 것임을 뜻함

丶 匕 ヒ ヒ 与 旨 旨 直 眞 眞

| 眞 | 眞 | 眞 | | | | | | | |
|---|---|---|---|---|---|---|---|---|---|

| 진 | 심 | | 진 | 옥 | | 천 | 진 |
|---|---|---|---|---|---|---|---|
| 眞 | 心 | | 眞 | 玉 | | 天 | 眞 |
| | | | | | | | |

| 132<br>8급<br>차 |  | 버금 차<br><br>欠부 2획<br>총6획 | * 目次 목차 : 목록 순서 (目 눈 목)<br>* 年次 연차 : 나이의 차례 (年 해 년(연))<br>* 次男 차남 : 둘째 아들 (男 사내 남) |
|---|---|---|---|

피곤하여 두 번이나(冫←二) 하품(欠)을 하여 뒤로
미룬다는 뜻과 그렇게 미뤄지면 두 번째가 됨을 뜻함

丶 冫 冫 次 次 次

| 次 | 次 | 次 | | | | | | | |
|---|---|---|---|---|---|---|---|---|---|

| 목 | 차 | | 연 | 차 | | 차 | 남 |
|---|---|---|---|---|---|---|---|
| 目 | 次 | | 年 | 次 | | 次 | 男 |
| | | | | | | | |

| 133 | 天 | 하늘 천 | * 天工 천공 : 하늘의 조화로 자연히 이루어진 |
|---|---|---|---|

**133**
**9급**
천

天

**하늘 천**

大부 1획
총4획

* 天工 천공 : 하늘의 조화로 자연히 이루어진 재주 (工 장인 공)
* 天馬 천마 : 옥황상제가 하늘에서 타고 다닌 다는 말 (馬 말 마)
* 天文 천문 : 우주에서 일어나는 온갖 현상 (文 글월 문)

사람이 서 있는데(大) 그 위로 한없이 넓게 펼쳐져 있는(一) 것이 하늘이라는 뜻

一 二 丢 天

| 天 | | 天 | | 天 | | | | | | | |
|---|---|---|---|---|---|---|---|---|---|---|---|

| 천 | 공 | | | 천 | 마 | | | | 천 | 문 |
|---|---|---|---|---|---|---|---|---|---|---|
| 天 | 工 | | | 天 | 馬 | | | | 天 | 文 |
| | | | | | | | | | | |

**134**
**9급**
천

川

**내 천**

川=巛부 0획
총3획

* 名川 명천 : 유명한 하천 (名 이름 명)
* 山川 산천 : 산과 시내 (山 메 산)
* 川魚 천어 : 시냇물에 사는 물고기 (魚 물고기 어)

시냇물이 흘러가는 모양을 본떠 만듦

丿 刂 川

| 川 | | 川 | | 川 | | | | | | | |
|---|---|---|---|---|---|---|---|---|---|---|---|

| 명 | 천 | | | 산 | 천 | | | | 천 | 어 |
|---|---|---|---|---|---|---|---|---|---|---|
| 名 | 川 | | | 山 | 川 | | | | 川 | 魚 |
| | | | | | | | | | | |

| 135 | 千 | 일천 천 | * 千金 천금 : 귀중한 물건을 비유한 말 (金 성 김/쇠 금) |
|---|---|---|---|
| 8급 천 | | 十부 1획 총3획 | * 千年 천년 : 백 년의 열 갑절 (年 해 년(연)) * 千萬 천만 : 만의 천 배 (萬 일만 만) |

많은(十) 것이 더 많도록 사람(人)이 꾸몄
다는 데서 일천을 뜻함

ノ 二 千

千　千　千

| 천 | 금 | | 천 | 년 | | 천 | 만 |
|---|---|---|---|---|---|---|---|
| 千 | 金 | | 千 | 年 | | 千 | 萬 |
| | | | | | | | |

| 136 | 初 | 처음 초 | * 年初 연초 : 새해의 첫머리 (年 해 년(연)) |
|---|---|---|---|
| 8급 초 | | 刀부 5획 총7획 | * 初面 초면 : 처음으로 대해 봄 (面 낯 면) * 初心 초심 : 맨 처음에 가진 마음 (心 마음 심) |

옷(衤→衣)을 만들 때에 칼(刀)로 옷감을 자르는 것이
옷을 만드는 일의 처음이라는 데서 처음을 뜻함

丶 ㇀ ㇇ 衤 衤 初 初

初　初　初

| 연 | 초 | | 초 | 면 | | 초 | 심 |
|---|---|---|---|---|---|---|---|
| 年 | 初 | | 初 | 面 | | 初 | 心 |
| | | | | | | | |

137
**8급**
칙

則

법칙 칙

刂=刀**부 7획**
**총9획**

* 内則 **내칙** : 내부 안의 규칙 (内 안 내)
* 方則 **방칙** : 다함께 지키기로 정한 규칙
    (方 모 방)
* 法則 **법칙** : 반드시 지켜야만 하는 규범
    (法 법 법)

재산(貝)을 칼(刂=刀)로 자르듯 나눌 때는
법칙이 있어야 한다는 데서 법칙을 뜻함

| 丨 | 冂 | 冂 | 月 | 目 | 貝 | 貝 | 貝 | 則 |

| 則 | 則 | 則 | | | | | | |

| 내 | 칙 | | 방 | 칙 | | | 법 | 칙 |
|---|---|---|---|---|---|---|---|---|
| 内 | 則 | | 方 | 則 | | | 法 | 則 |
| | | | | | | | | |

138
**8급**
칠

七

일곱 칠

一**부 1획**
**총2획**

* 七夕 **칠석** : 음력 7월 7일 명절 (夕 저녁 석)
* 七十 **칠십** : 일흔 (十 열 십)
* 七月 **칠월** : 열두 달 중에서 일곱째 달
    (月 달 월)

다섯 손가락은 위로 펴고 다른 손의 두 손
가락은 옆으로 편 모양을 본떠 만듦

| 一 | 七 |

| 七 | 七 | 七 | | | | | |

| 칠 | 석 | | 칠 | 십 | | 칠 | 월 |
|---|---|---|---|---|---|---|---|
| 七 | 夕 | | 七 | 十 | | 七 | 月 |
| | | | | | | | |

| 139 |  | 클 태 | * 生太 생태 : 얼리거나 말리지 않은 잡은<br>그대로의 명태 (生 날 생) |
|---|---|---|---|
| **8급**<br>태 | | 大부 1획<br>총 4획 | * 太古 태고 : 아주 먼 옛날 (古 옛 고)<br>* 太初 태초 : 하늘과 땅이 생겨난 최초<br>(初 처음 초) |

커다란 것(大)에 또다시 점(丶)을 찍으니
더욱 크다는 것을 뜻함

一 ナ 大 太

| 太 | 太 | 太 | | | | | | |
|---|---|---|---|---|---|---|---|---|

| 생 | 태 | | 태 | 고 | | 태 | 초 |
|---|---|---|---|---|---|---|---|
| 生 | 太 | | 太 | 古 | | 太 | 初 |
| | | | | | | | |

| 140 |  | 흙 토 | * 土木 토목 : 흙과 나무 (木 나무 목) |
|---|---|---|---|
| **9급**<br>토 | | 土부 0획<br>총3획 | * 土山 토산 : 돌이나 바위가 없이 흙으로만 이루<br>어진 산 (山 메 산)<br>* 土手 토수 : 벽이나 바닥 등에 흙 시멘트 등을<br>바르는 사람 (手 손 수) |

어린 나무와 풀의 싹이 돋아나는 곳의 땅 모양
으로 본떠 만든 글자로 땅은 곧 흙을 뜻함

一 十 土

| 土 | 土 | 土 | | | | | | |
|---|---|---|---|---|---|---|---|---|

| 토 | 목 | | 토 | 산 | | 토 | 수 |
|---|---|---|---|---|---|---|---|
| 土 | 木 | | 土 | 山 | | 土 | 手 |
| | | | | | | | |

| 141 <br> **8급** <br> 팔 |  | **여덟 팔** <br> 八부 0획 <br> 총2획 | * 八角 **팔각** : 여덟 개의 모 (角 뿔 각) <br> * 八方 **팔방** : 동, 서, 남, 북, 동북, 동남, <br> 서북, 서남. 여러 방향 (方 모 방) <br> * 七八 **칠팔** : 일곱이나 여덟임 (七 일곱 칠) |

양 손의 네 손가락씩 핀 모양을 본떠 만듦

丿 八

八 | 八 | 八 | | | | |

| **팔** | **각** | | **팔** | **방** | | **칠** | **팔** |
|---|---|---|---|---|---|---|---|
| 八 | 角 | | 八 | 方 | | 七 | 八 |
| | | | | | | | |

| 142 <br> **8급** <br> 표 |  | **겉 표** <br> 衣부 2획 <br> 총8획 | * 年表 **연표** : 역사상 일어난 사건을 순서대로 <br> 적은 표 (年 해 년(연)) <br> * 有表 **유표** : 여럿 가운데 두드러짐 (有 있을 유) <br> * 表面 **표면** : 겉면 (面 낯 면) |

털(毛)이 달린 외투(衣)는 표시가 나도록
겉에 입는다는 데서 겉 또는 바깥을 뜻함

一 二 キ 主 声 丰 表 表

表 | 表 | 表 | | | | |

| **연** | **표** | | **유** | **표** | | **표** | **면** |
|---|---|---|---|---|---|---|---|
| 年 | 表 | | 有 | 表 | | 表 | 面 |
| | | | | | | | |

143
8급
풍

바람 풍

風부 0획

총9획

* 風力 풍력 : 바람의 힘 (力 힘 력(역))
* 風車 풍차 : 바람의 힘을 이용하여 기계적인 힘으로 바꾼 장치 (車 수레 차)
* 風土 풍토 : 기후와 토지의 상태 (土 흙 토)

대부분(凡)의 웅크린 뱀처럼 생긴 벌레(虫)들은 바람이 멈추어야 번식함을 뜻함

丿 几 凡 凡 凨 凨 風 風 風

風 風 風

| 풍 | 력 | | | 풍 | 차 | | | 풍 | 토 |
|---|---|---|---|---|---|---|---|---|---|
| 風 | 力 | | | 風 | 車 | | | 風 | 土 |
| | | | | | | | | | |

144
8급
하

아래 하

一부 2획

총3획

* 上下 상하 : 위와 아래 (上 윗 상)
* 年下 연하 : 자기보다 나이가 어림 (年 해 년(연))
* 下山 하산 : 산에서 내려옴 (山 메 산)

기준이 되는 막대(一) 아래에 물건(卜)이 있는 것을 뜻함

一 丅 下

下 下 下

| 상 | 하 | | | 연 | 하 | | | 하 | 산 |
|---|---|---|---|---|---|---|---|---|---|
| 上 | 下 | | | 年 | 下 | | | 下 | 山 |
| | | | | | | | | | |

# 연습문제 6

**[01-07]** 다음 한자(漢字)의 음(音)은 무엇입니까?

01 自 : ① 주 ② 장 ③ 전 ④ 절 ⑤ 자

02 天 : ① 차 ② 천 ③ 칙 ④ 칠 ⑤ 찬

03 土 : ① 토 ② 태 ③ 타 ④ 투 ⑤ 터

04 弟 : ① 족 ② 재 ③ 진 ④ 제 ⑤ 준

05 下 : ① 학 ② 해 ③ 허 ④ 하 ⑤ 합

06 風 : ① 푼 ② 파 ③ 풍 ④ 펄 ⑤ 퐁

07 八 : ① 표 ② 푸 ③ 판 ④ 포 ⑤ 팔

**[08-12]** 다음 음(音)을 가진 한자(漢字)는 무엇입니까?

08 자 : ① 下 ② 風 ③ 子 ④ 表 ⑤ 八

09 천 : ① 川 ② 土 ③ 太 ④ 則 ⑤ 初

10 전 : ① 全 ② 千 ③ 天 ④ 次 ⑤ 中

11 칠 : ① 主 ② 足 ③ 弟 ④ 七 ⑤ 田

12 진 : ① 長 ② 者 ③ 自 ④ 千 ⑤ 眞

**[13-18]** 다음 한자(漢字)의 뜻은 무엇입니까?

13 長 : ① 밭 ② 젊다 ③ 온전
④ 길다 ⑤ 지키다

14 足 : ① 병 ② 발 ③ 근본
④ 아우 ⑤ 밟다

15 次 : ① 차 ② 재 ③ 순서
④ 차례 ⑤ 버금

16 者 : ① 놈 ② 군사 ③ 하늘
④ 무겁다 ⑤ 스스로

17 初 : ① 풀 ② 처음 ③ 자르다
④ 마지막 ⑤ 기어가다

18 則 : ① 밥 ② 방법 ③ 법칙
④ 준수 ⑤ 가르치다

**[19-23]** 다음의 뜻을 가진 한자(漢字)는 무엇입니까?

19 주인 : ① 主  ② 眞  ③ 初
④ 八  ⑤ 千

20 밭 : ① 七  ② 次  ③ 則
④ 自  ⑤ 田

21 가운데 : ① 弟  ② 中  ③ 天
④ 子  ⑤ 者

22 크다 : ① 足  ② 太  ③ 土
④ 風  ⑤ 長

23 겉 : ① 全  ② 川  ③ 利
④ 下  ⑤ 表

**[24-35] 다음 한자어(漢字語)의 음(音)은 무엇입니까?**

24 子女 : ① 자녀  ② 부녀  ③ 자식
④ 부인  ⑤ 부자

25 自力 : ① 역행  ② 자력  ③ 주력
④ 전력  ⑤ 수행

26 手足 : ① 주발  ② 신체  ③ 수축
④ 몸체  ⑤ 수족

27 天文 : ① 부문  ② 인류  ③ 천문

④ 천자  ⑤ 인품

28 主人 : ① 왕인  ② 거주  ③ 주차
④ 왕자  ⑤ 주인

29 風車 : ① 팔방  ② 풍차  ③ 화력
④ 풍력  ⑤ 팔각

30 表面 : ① 우방  ② 우표  ③ 표면
④ 겉면  ⑤ 표정

31 生太 : ① 태평  ② 생물  ③ 평화
④ 평행  ⑤ 생태

32 法則 : ① 규칙  ② 법도  ③ 입법
④ 법칙  ⑤ 방칙

33 初心 : ① 연초  ② 초심  ③ 심리
④ 합심  ⑤ 심성

34 次男 : ① 차남  ② 순차  ③ 처남
④ 절차  ⑤ 자매

35 兄弟 : ① 아우  ② 형부  ③ 노형
④ 형제  ⑤ 동생

145

**8급**

합

### 합할 합

口부 3획

총6획

사람들(人)이 서로 말(口)을 하여 의견을
하나(一)로 만드는 것은 서로 합함을 뜻함

* 合同 합동 : 여럿이 어울려 하나를 이룸
  (同 한가지 동)

* 合法 합법 : 법령이나 규범에 맞음 (法 법 법)

* 合心 합심 : 여러 사람이 마음을 함께 모음
  (心 마음 심)

合 合 合 合 合 合

| 합 | 동 | | | 합 | 법 | | | 합 | 심 |
|---|---|---|---|---|---|---|---|---|---|
| 合 | 同 | | | 合 | 法 | | | 合 | 心 |
| | | | | | | | | | |

146

**9급**

행

### 다닐 행

行부 0획

총6획

교차하는 네거리를 본떠 만듦으로서 가다
또는 행함이라는 뜻이 됨

* 行身 행신 : 지켜야 할 몸가짐이나 행동
  (身 몸 신)

* 行魚 행어 : 멸치 (魚 물고기 어)

* 行人 행인 : 길을 다니는 사람 (人 사람 인)

行 行 行 行 行 行

| 행 | 신 | | | 행 | 어 | | | 행 | 인 |
|---|---|---|---|---|---|---|---|---|---|
| 行 | 身 | | | 行 | 魚 | | | 行 | 人 |
| | | | | | | | | | |

| 147<br>8급<br>행 |  | 다행 행<br><br>干부 5획<br>총8획 | * 萬幸 만행 : 아주 다행함 (萬 일만 만)<br>* 不幸 불행 : 행복하지 않음 (不 아닐 부/불)<br>* 天幸 천행 : 하늘이 준 행운 (天 하늘 천) |
|---|---|---|---|

일찍 죽는(夭) 것을 피해서(屰) 천천히 가
니 다행스러움을 나타냄

一 十 土 十 土 去 去 幸 幸

| 幸 | 幸 | 幸 | | | | | | |
|---|---|---|---|---|---|---|---|---|

| 만 | 행 | | 불 | 행 | | 천 | 행 |
|---|---|---|---|---|---|---|---|
| 萬 | 幸 | | 不 | 幸 | | 天 | 幸 |
| | | | | | | | |

| 148<br>8급<br>형 | 兄 | 형 형<br><br>儿부 3획<br>총5획 | * 老兄 노형 : 나이를 더 먹은 사람을 높여서 부<br>　르는 말 (老 늙을 로(노))<br>* 次兄 차형 : 둘째 형 (次 버금 차)<br>* 兄夫 형부 : 언니의 남편 (夫 지아비 부) |
|---|---|---|---|

아우나 누이를 말(口)로 가르쳐주고 이끌어
주는 어진 사람(儿)이 형이라는 뜻

丨 口 口 尸 兄

| 兄 | 兄 | 兄 | | | | | |
|---|---|---|---|---|---|---|---|

| 노 | 형 | | 차 | 형 | | 형 | 부 |
|---|---|---|---|---|---|---|---|
| 老 | 兄 | | 次 | 兄 | | 兄 | 夫 |
| | | | | | | | |

| 149<br>**9급**<br>화 |  | **불 화**<br>火부 0획<br>총4획 | * **大火** 대화 : 큰 불 (大 클/큰 대)<br>* **火石** 화석 : 부시로 쳐서 불을 일으키는 데<br> 쓰는 돌 (石 돌 석)<br>* **火車** 화차 : 불로 적을 공격하는 데 쓰던 수레<br> (車 수레 차) |

활활 타고 있는 불꽃의 모양을 본떠 만듦

丶 丷 火 火

| 대 | 화 | | | 화 | 석 | | | 화 | 차 |
|---|---|---|---|---|---|---|---|---|---|
| 大 | 火 | | | 火 | 石 | | | 火 | 車 |
| | | | | | | | | | |

| 150<br>**8급**<br>회 |  | **돌아올 회**<br>□부 3획<br>총6획 | * **回書** 회서 : 답장 (書 글 서)<br>* **回生** 회생 : 다시 살아남 (生 날 생)<br>* **回心** 회심 : 착하고 올바른 길로 마음을 바꿈<br> (心 마음 심) |

소용돌이의 물이 빙빙 도는 모양을 본떠 만듦

丨 冂 冂 冋 回 回

| 회 | 서 | | | 회 | 생 | | | 회 | 심 |
|---|---|---|---|---|---|---|---|---|---|
| 回 | 書 | | | 回 | 生 | | | 回 | 心 |
| | | | | | | | | | |

# 연습문제 7

**[01-03] 다음 한자(漢字)의 음(音)은 무엇입니까?**

01 火 : ①합 ②황 ③화 ④함 ⑤환

02 回 : ①회 ②현 ③획 ④형 ⑤횡

03 幸 : ①항 ②핵 ③한 ④학 ⑤행

**[04-06] 다음 음(音)을 가진 한자(漢字)는 무엇입니까?**

04 행 : ①車 ②羊 ③女 ④心 ⑤行

05 합 : ①合 ②幸 ③魚 ④工 ⑤衣

06 형 : ①人 ②立 ③兄 ④建 ⑤單

**[07-08] 다음 한자(漢字)의 뜻은 무엇입니까?**

07 幸 : ①불행 ②불운 ③다행
④행하다 ⑤기다리다

08 回 : ①창 ②면 ③되다
④가리키다 ⑤돌아오다

**[09-11] 다음의 뜻을 가진 한자(漢字)는 무엇입니까?**

09 불 : ①百 ②自 ③夕
④火 ⑤萬

10 형 : ①兄 ②世 ③木
④玉 ⑤名

11 다니다 : ①兒 ②行 ③午
④光 ⑤事

**[12-14] 다음 한자어(漢字語)의 음(音)은 무엇입니까?**

12 行魚 : ①형성 ②행동 ③행인
④행어 ⑤형광

13 合同 : ①활성 ②합동 ③활용
④합리 ⑤합심

14 回生 : ①회생 ②구상 ③회상
④구사 ⑤희생

# CHAPTER
# 03

# 문제집

지금까지 배운 한자를 총복습하고,

시험의 패턴을 익히는 목적으로 차분히 풀어보자.

# 모의고사 제1회

※다음 중 가장 알맞은 것을 고르시오.

**제1영역** **漢字(한자)**

**[01~02]** 다음 한자(漢字)의 획수(劃數)는 모두 몇 획입니까?

01 車 : ① 4 ② 5 ③ 6 ④ 7 ⑤ 8

02 家 : ① 7 ② 8 ③ 9 ④ 10 ⑤ 11

**[03~04]** 다음 한자(漢字)의 부수(部首)는 무엇입니까?

03 長 : ① 長 ② 匚 ③ 入 ④ 丨 ⑤ 厂

04 風 : ① 丄 ② 虫 ③ 口 ④ 風 ⑤ 丿

**[05~11]** 다음 한자(漢字)의 음(音)은 무엇입니까?

05 交 : ① 과 ② 교 ③ 감 ④ 공 ⑤ 규

06 大 : ① 단 ② 두 ③ 담 ④ 도 ⑤ 대

07 父 : ① 부 ② 박 ③ 본 ④ 번 ⑤ 분

08 身 : ① 상 ② 선 ③ 신 ④ 섬 ⑤ 실

09 衣 : ① 우 ② 이 ③ 위 ④ 육 ⑤ 의

10 則 : ① 척 ② 칙 ③ 측 ④ 착 ⑤ 침

11 表 : ① 편 ② 표 ③ 팔 ④ 포 ⑤ 판

**[12~18]** 다음 음(音)을 가진 한자는 무엇입니까?

12 녀 : ① 女 ② 果 ③ 交 ④ 面 ⑤ 火

13 립 : ① 行 ② 目 ③ 立 ④ 川 ⑤ 天

14 마 : ① 主 ② 馬 ③ 田 ④ 長 ⑤ 自

15 석 : ① 子 ② 石 ③ 人 ④ 衣 ⑤ 母

16 옥 : ① 老 ② 玉 ③ 足 ④ 土 ⑤ 日

17 풍 : ① 家 ② 回 ③ 利 ④ 能 ⑤ 風

18 행 : ① 單 ② 民 ③ 法 ④ 商 ⑤ 幸

**[19~24]** 다음 한자(漢字)의 뜻은 무엇입니까?

19 工 : ① 공 ② 옛 ③ 보다 ④ 장인 ⑤ 다리

20 萬 : ① 돈 ② 마디 ③ 일만 ④ 천만 ⑤ 세다

21 心 : ① 마음 ② 회생 ③ 어깨 ④ 뛰다 ⑤ 오르다

22 老 : ① 아비 ② 늙다 ③ 선비 ④ 높다 ⑤ 노력하다

23 角 : ① 풀 ② 뿔 ③ 언덕

④ 삼각형　⑤ 생각하다

24 男 : ① 처남　② 형제　③ 제부
　　　④ 사내　⑤ 기운

## [25~30] 다음의 뜻을 가진 한자(漢字)는 무엇입니까?

25 발　 : ① 足　② 牛　③ 月
　　　④ 魚　⑤ 羊

26 다니다 : ① 行　② 兒　③ 王
　　　④ 心　⑤ 身

27 수레　 : ① 水　② 手　③ 車
　　　④ 石　⑤ 玉

28 얼굴　 : ① 夕　② 面　③ 雨
　　　④ 山　⑤ 衣

29 연고　 : ① 容　② 邑　③ 肉
　　　④ 有　⑤ 故

30 소리　 : ① 音　② 位　③ 原
　　　④ 元　⑤ 兄

| 제2영역 | 語 彙(어휘) |

## [31~36] 다음 한자어(漢字語)의 음(音)은 무엇입니까?

31 車馬 : ① 차주　② 거마　③ 말마
　　　④ 주마　⑤ 거주

32 人工 : ① 인공　② 장인　③ 목공
　　　④ 장목　⑤ 입장

33 父母 : ① 부모　② 차남　③ 자녀
　　　④ 차녀　⑤ 부자

34 力行 : ① 대력　② 역행　③ 경력
　　　④ 노력　⑤ 요행

35 建立 : ① 건설　② 토건　③ 입신
　　　④ 입목　⑤ 건립

36 回生 : ① 회상　② 서면　③ 회생
　　　④ 문서　⑤ 단면

## [37~39] 다음의 음(音)을 가진 한자어(漢字語)는 무엇입니까?

37 모녀 : ① 長女　② 女子　③ 母子
　　　④ 女王　⑤ 母女

38 노부 : ① 老父　② 木石　③ 目子
　　　④ 石工　⑤ 夫人

39 법칙 : ① 民家　② 法則　③ 百方
　　　④ 不法　⑤ 本能

## [40~42] 다음 한자어(漢字語)의 뜻은 무엇입니까?

40 父女

① 형제

② 자매

③ 부부

④ 아버지와 딸

⑤ 어머니와 아들

41 自主

① 전체

② 중심이 되는 힘

③ 자기 혼자의 힘

④ 남을 믿고 의지함

⑤ 자기 일은 스스로 함

42 事由

① 일의 까닭

② 이루어 낸 결과

③ 내용을 적은 서류

④ 아무도 모르게 알림

⑤ 일이나 관계 등이 잘 이루어짐

## [43~45] 다음의 뜻에 해당하는 한자어 (漢字語)는 무엇입니까?

43 사람의 마음

①子女　　②行人　　③天工

44 우주에서 일어나는 온갖 현상

①土手　　②天文　　③行身

④長足　　⑤面交

45 양을 적게 먹음

①今回　　②萬能　　③小食

④食單　　⑤本色

---

제3영역　　　**讀 解**(독해)

## [46~48] 다음 문장에서 밑줄 친 한자어 (漢字語)의 음(音)은 무엇입니까?

46 점심시간에는 항상 名曲을(를) 들려준다.

①곡조　　②고곡　　③명품

④악곡　　⑤명곡

47 기침을 해서 內科 선생님이 진찰하여 주셨다.

①내과　　②교과　　③문과

④백과　　⑤외과

48 저번 달에는 外食을(를) 많이 해서 저축을 못했다.

①간식　　②외식　　③식사

④외출　　⑤회식

**[49~50]** 다음 문장에서 밑줄 친 한자어 (漢字語)의 뜻풀이로 적절한 것은 어느 것입니까?

49 무엇이든 열 수 있는 <u>萬能</u>열쇠를 발명했다.

① 이익을 봄

② 일이 유리해짐

③ 일을 감당할 수 없음

④ 온갖 일을 다 할 수 있음

⑤ 건물, 탑 등을 만들어 세움

50 친구를 <u>百方</u>으로 찾아도 찾을 수 없었다.

① 험한 쪽

② 새로운 방법

③ 평탄한 방향

④ 동서쪽 방향

⑤ 여러가지 온갖 방법

# 모의고사 제2회

※다음 중 가장 알맞은 것을 고르시오.

| 제1영역 | 漢 字(한자) |
|---|---|

**[01~02]** 다음 한자(漢字)의 획수(劃數)는 모두 몇 획입니까?

01 高:①7 ②8 ③9 ④10 ⑤11

02 故:①7 ②8 ③9 ④10 ⑤11

**[03~04]** 다음 한자(漢字)의 부수(部首)는 무엇입니까?

03 足:①卜 ②人 ③疋 ④足 ⑤口

04 科:①木 ②丿 ③斗 ④禾 ⑤科

**[05~11]** 다음 한자(漢字)의 음(音)은 무엇입니까?

05 門:①문 ②목 ③물 ④몸 ⑤무

06 夫:①반 ②복 ③분 ④부 ⑤본

07 心:①상 ②심 ③섬 ④실 ⑤산

08 魚:①어 ②우 ③연 ④운 ⑤육

09 自:①재 ②주 ③자 ④전 ⑤잠

10 初:①초 ②칙 ③측 ④치 ⑤처

11 合:①함 ②해 ③한 ④훈 ⑤합

**[12~18]** 다음 음(音)을 가진 한자는 무엇입니까?

12 거:①車 ②父 ③夫 ④雨 ⑤門

13 로:①衣 ②老 ③文 ④目 ⑤木

14 만:①面 ②馬 ③萬 ④立 ⑤大

15 모:①牛 ②母 ③力 ④女 ⑤王

16 전:①果 ②口 ③子 ④交 ⑤田

17 진:①八 ②建 ③則 ④眞 ⑤初

18 회:①回 ②全 ③見 ④次 ⑤季

**[19~24]** 다음 한자(漢字)의 뜻은 무엇입니까?

19 交:①글 ②보다 ③세우다
④사귀다 ⑤연구하다

20 玉:①베다 ②구슬 ③주인
④임금 ⑤자르다

21 雨:①빛 ②비 ③구름
④안개 ⑤천둥

22 身:①손 ②몸 ③재주
④하여금 ⑤움직이다

23 今:①이제 ②내일 ③아이

④ 어제　　⑤ 원래

24 樂 : ① 쇠　　　② 수풀　　　③ 날다
　　　④ 즐기다　⑤ 한가지

## [25～30] 다음의 뜻을 가진 한자(漢字)는 무엇입니까?

25 하늘 : ① 主　　② 天　　③ 川
　　　　　④ 長　　⑤ 足

26 실과 : ① 果　　② 自　　③ 工
　　　　　④ 高　　⑤ 車

27 아들 : ① 門　　② 山　　③ 夕
　　　　　④ 石　　⑤ 子

28 말 : ① 手　　② 兒　　③ 身
　　　　　④ 馬　　⑤ 心

29 굽다 : ① 本　　② 不　　③ 北
　　　　　④ 分　　⑤ 曲

30 합하다 : ① 商　　② 史　　③ 原
　　　　　④ 書　　⑤ 合

제2영역　　　語 彙(어휘)

## [31～36] 다음 한자어(漢字語)의 음(音)은 무엇입니까?

31 高手 : ① 고위　　② 우수　　③ 고수
　　　　　④ 우주　　⑤ 고사

32 人口 : ① 입장　　② 입구　　③ 인도
　　　　　④ 인구　　⑤ 공인

33 長女 : ① 자녀　　② 차남　　③ 장남
　　　　　④ 차녀　　⑤ 장녀

34 自立 : ① 백과　　② 자주　　③ 문과
　　　　　④ 자립　　⑤ 백수

35 成果 : ① 성실　　② 성과　　③ 과실
　　　　　④ 실과　　⑤ 과외

36 合法 : ① 사법　　② 민법　　③ 합격
　　　　　④ 실격　　⑤ 합법

## [37～39] 다음의 음(音)을 가진 한자어 (漢字語)는 무엇입니까?

37 화력 : ① 大力　　② 力行　　③ 立身
　　　　　④ 萬石　　⑤ 火力

38 우마 : ① 馬夫　　② 牛馬　　③ 面目
　　　　　④ 老母　　⑤ 木馬

39 초면 : ① 初面　　② 次男　　③ 眞玉
　　　　　④ 年初　　⑤ 內則

[40~42] 다음 한자어(漢字語)의 뜻은 무엇입니까?

40 身長

① 속 마음

② 키가 크다

③ 사람의 키

④ 키가 작다

⑤ 실수하여 잘못 말함

41 高手

① 높은 산

② 높은 하늘

③ 지은지 오래된 집

④ 남에게 의지하는 마음이 큼

⑤ 바둑이나 장기 따위에서 급수가 높음

42 有能

① 겉으로 보이는 모양

② 재능이 있음

③ 본보기로 보이는 물건

④ 어떤 일이 거쳐온 내력

⑤ 이름이 세상에 널리 알려졌음

[43~45] 다음의 뜻에 해당하는 한자어 (漢字語)는 무엇입니까?

43 비가 오는 하늘

① 雨天　　② 山川　　③ 雨衣

④ 天工　　⑤ 雨水

44 맏딸

① 子女　　② 母子　　③ 長子

④ 長女　　⑤ 長足

45 이루어낸 결과

① 土建　　② 成果　　③ 見利

④ 果木　　⑤ 分科

| 제3영역 | 讀 解(독해) |

[46~48] 다음 문장에서 밑줄 친 한자어 (漢字語)의 음(音)은 무엇입니까?

46 오랜만에 市內에서 친구를 만났다.

① 전철　　② 읍내　　③ 시장

④ 도시　　⑤ 시내

47 가족이 다함께 분담해서 家事 일을 도와야 한다.

① 청소　　② 거실　　③ 집안

④ 가사　　⑤ 사고

48 규칙적인 食事를(을) 하는 것이 더 좋은 건강을 유지 할 수 있다.

① 계획　　② 야식　　③ 외출

④ 식사　　⑤ 점심

## [49~50] 다음 문장에서 밑줄 친 한자어 (漢字語)의 뜻풀이로 적절한 것은 어느 것입니까?

49  아버지가 배 타고 바다에 나가 <u>生太</u>를 많이 잡아 오셨다.

   ① 얼린 명태

   ② 구운 문어

   ③ 바람에 말린 명태

   ④ 바람에 말린 문어

   ⑤ 얼리거나 말리지 않은 잡은 그대로의 명태


50  지각을 한 민수는 당황한 마음에 그만 선생님께 <u>失言</u>을 했다.

   ① 속말

   ② 낮춤말

   ③ 진실한 말

   ④ 실수하여 잘못 말함

   ⑤ 거짓이 없이 순수한 말

CHAPTER

# 04

# 정답

- 연습 문제 (1회~7회)
- 실전 모의고사 (1회~2회)

# 연습문제

p34 연습문제 1

| | | | | |
|---|---|---|---|---|
| 01 ① | 02 ③ | 03 ⑤ | 04 ② | 05 ① |
| 06 ① | 07 ② | 08 ⑤ | 09 ⑤ | 10 ② |
| 11 ① | 12 ④ | 13 ③ | 14 ④ | 15 ⑤ |
| 16 ② | 17 ① | 18 ② | 19 ② | 20 ① |
| 21 ① | 22 ② | 23 ③ | 24 ⑤ | 25 ② |
| 26 ① | 27 ③ | 28 ① | 29 ④ | 30 ② |
| 31 ① | 32 ① | 33 ⑤ | 34 ② | 35 ④ |

p48 연습문제 2

| | | | | |
|---|---|---|---|---|
| 01 ⑤ | 02 ③ | 03 ① | 04 ① | 05 ① |
| 06 ④ | 07 ④ | 08 ③ | 09 ① | 10 ⑤ |
| 11 ⑤ | 12 ③ | 13 ② | 14 ③ | 15 ④ |
| 16 ④ | 17 ② | 18 ② | 19 ⑤ | 20 ③ |
| 21 ③ | 22 ② | 23 ② | 24 ④ | 25 ① |
| 26 ⑤ | 27 ② | 28 ① | 29 ③ | 30 ② |
| 31 ① | 32 ⑤ | 33 ⑤ | 34 ④ | 35 ③ |

p62 연습문제 3

| | | | | |
|---|---|---|---|---|
| 01 ⑤ | 02 ② | 03 ① | 04 ③ | 05 ④ |
| 06 ① | 07 ① | 08 ② | 09 ① | 10 ⑤ |
| 11 ⑤ | 12 ③ | 13 ④ | 14 ③ | 15 ② |
| 16 ④ | 17 ② | 18 ① | 19 ③ | 20 ① |
| 21 ② | 22 ⑤ | 23 ② | 24 ⑤ | 25 ② |
| 26 ① | 27 ① | 28 ① | 29 ④ | 30 ③ |
| 31 ② | 32 ① | 33 ① | 34 ⑤ | 35 ② |

p76 연습문제 4

| | | | | |
|---|---|---|---|---|
| 01 ② | 02 ① | 03 ② | 04 ③ | 05 ③ |
| 06 ④ | 07 ② | 08 ① | 09 ⑤ | 10 ① |
| 11 ③ | 12 ③ | 13 ③ | 14 ④ | 15 ③ |
| 16 ① | 17 ⑤ | 18 ② | 19 ⑤ | 20 ⑤ |
| 21 ① | 22 ② | 23 ③ | 24 ⑤ | 25 ① |
| 26 ① | 27 ① | 28 ④ | 29 ② | 30 ④ |
| 31 ⑤ | 32 ① | 33 ② | 34 ① | 35 ③ |

p90 연습문제 5

| | | | | |
|---|---|---|---|---|
| 01 ④ | 02 ③ | 03 ① | 04 ⑤ | 05 ② |
| 06 ④ | 07 ① | 08 ③ | 09 ① | 10 ① |
| 11 ② | 12 ④ | 13 ② | 14 ① | 15 ⑤ |
| 16 ② | 17 ⑤ | 18 ③ | 19 ⑤ | 20 ⑤ |
| 21 ② | 22 ④ | 23 ① | 24 ④ | 25 ① |
| 26 ① | 27 ③ | 28 ② | 29 ② | 30 ① |
| 31 ① | 32 ④ | 33 ⑤ | 34 ② | 35 ① |

p104 연습문제 6

| | | | | |
|---|---|---|---|---|
| 01 ⑤ | 02 ② | 03 ① | 04 ④ | 05 ④ |
| 06 ③ | 07 ⑤ | 08 ③ | 09 ① | 10 ① |
| 11 ④ | 12 ⑤ | 13 ④ | 14 ② | 15 ⑤ |
| 16 ① | 17 ② | 18 ③ | 19 ① | 20 ⑤ |
| 21 ② | 22 ② | 23 ⑤ | 24 ① | 25 ② |
| 26 ⑤ | 27 ③ | 28 ⑤ | 29 ② | 30 ③ |
| 31 ⑤ | 32 ④ | 33 ② | 34 ① | 35 ④ |

p109 연습문제 7

| | | | | |
|---|---|---|---|---|
| 01 ③ | 02 ① | 03 ⑤ | 04 ⑤ | 05 ① |
| 06 ③ | 07 ③ | 08 ⑤ | 09 ④ | 10 ① |
| 11 ② | 12 ④ | 13 ② | 14 ① | |

# 모의고사

p112 모의고사 1

| | | | | |
|---|---|---|---|---|
| 01 ④ | 02 ④ | 03 ① | 04 ④ | 05 ② |
| 06 ⑤ | 07 ① | 08 ③ | 09 ⑤ | 10 ② |
| 11 ② | 12 ① | 13 ③ | 14 ② | 15 ② |
| 16 ② | 17 ⑤ | 18 ⑤ | 19 ④ | 20 ③ |
| 21 ① | 22 ② | 23 ② | 24 ④ | 25 ① |
| 26 ① | 27 ③ | 28 ② | 29 ⑤ | 30 ① |
| 31 ② | 32 ① | 33 ① | 34 ② | 35 ⑤ |
| 36 ③ | 37 ⑤ | 38 ① | 39 ② | 40 ④ |
| 41 ⑤ | 42 ① | 43 ⑤ | 44 ② | 45 ③ |
| 46 ⑤ | 47 ① | 48 ② | 49 ④ | 50 ⑤ |

p116 모의고사 2

| | | | | |
|---|---|---|---|---|
| 01 ④ | 02 ③ | 03 ④ | 04 ④ | 05 ① |
| 06 ④ | 07 ② | 08 ① | 09 ③ | 10 ① |
| 11 ⑤ | 12 ① | 13 ② | 14 ③ | 15 ② |
| 16 ⑤ | 17 ④ | 18 ① | 19 ④ | 20 ② |
| 21 ② | 22 ② | 23 ① | 24 ④ | 25 ② |
| 26 ① | 27 ⑤ | 28 ④ | 29 ⑤ | 30 ⑤ |
| 31 ③ | 32 ④ | 33 ⑤ | 34 ④ | 35 ② |
| 36 ⑤ | 37 ⑤ | 38 ② | 39 ① | 40 ③ |
| 41 ⑤ | 42 ② | 43 ① | 44 ④ | 45 ② |
| 46 ⑤ | 47 ④ | 48 ④ | 49 ⑤ | 50 ④ |